12757

PUBLICATION DU MÉNESTREL

DE LA RÉFORME

DES

ÉTUDES DU CHANT

AU CONSERVATOIRE

PAR

GUSTAVE BERTRAND

PRIX NET : 3 FRANCS

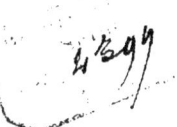

PARIS
AU MÉNESTREL, 2 bis, rue Vivienne
HEUGEL ET Cie, ÉDITEURS
—
1871
—

Propriété pour tous pays.

A MONSIEUR AMBROISE THOMAS

Monsieur,

Permettez-moi de dédier au nouveau directeur du Conservatoire de musique cette brochure, écrite et même imprimée il y a un an, et qui ne se hasarde à paraître qu'aujourd'hui. Il est toujours temps, car il n'y a pas, Dieu merci, prescription pour les questions d'art, et la musique en particulier peut avoir son rôle brillant dans la renaissance du génie français un instant consterné, dans le rétablissement de son prestige et de son influence.

Mais par là aussi, pour bien revivre, la réforme et la réorganisation sont à l'ordre du jour; il y aurait peu d'espoir, si l'on n'était pas résolu à revendiquer les vrais principes, à l'encontre des routines et des fantaisies intéressées.

C'était par la doctrine et la discipline que l'ancienne école italienne du chant avait réussi à faire prédominer dans le monde entier les œuvres des *maestri*. Cette école est en décadence; l'occasion est belle pour l'école française de prendre plus d'essor; mais nous sommes assez loin de compte, car s'il est vrai que plusieurs artistes font honneur à la France sur les scènes étrangères, il n'est que trop vrai, d'autre part, que les œuvres de nos compositeurs ne sont pas toujours assurées d'un bon ordinaire sur les scènes nationales.

Cette médiocrité de la moyenne de nos chanteurs n'a-t-elle pas pour cause directe et permanente certains errements, certaines déviations regrettables de l'enseignement dans notre grande École nationale? C'est ce que j'essaie de mettre en lumière dans cette étude critique qui ne sera pas, j'espère, trop accusée d'incompétence, et qui, en outre, se recommande par un détachement incontestable de tout intérêt et de toute visée personnelle.

D'ailleurs elle ne fait guère autre chose que réclamer le retour aux principes de la doctrine logique et homogène qui fit la vitalité originaire de l'École, comme aussi à l'austère et cordial esprit de discipline qui animait autrefois tout le monde, les maîtres d'abord et puis les élèves.

Cette constitution primitive avait même prévu les perfectionnements, les progrès : seulement elle entendait que toute innovation, jugée légitime, aurait à se fondre dans le corps des Méthodes du Conservatoire; elle n'aurait pas admis que l'École devînt un bazar libre pour les empirismes individuels les plus discordants. Or, nous croyons savoir, Monsieur, que vous avez souvent exprimé vos regrets de cet abandon des doctrines régulières, et que, tout en gardant l'esprit ouvert à toutes les nouveautés heureuses, vous êtes pénétré de l'importance préalable des traditions dans l'enseignement. Il semble aussi qu'un compositeur qui, comme vous, a traité les genres les plus divers, le grand drame lyrique, l'opéra de moyen caractère, l'opéra-comique proprement dit et l'opéra-bouffe; qui s'est distingué dans la musique religieuse, dans la musique chorale; qui s'est affirmé grand symphoniste théâtral (témoin l'orchestre d'*Hamlet*), qui est virtuose sur le piano et l'orgue, capable aussi d'indiquer aux chanteurs les nuancements de la virtuosité vocale, et compte enfin parmi les érudits et les lettrés de l'Académie des Beaux-Arts, il semble, dis-je, qu'un artiste aussi encyclopédique doit avoir plus qu'un autre le souci d'établir cet ensemble harmonieux dans les études, cette magistrale *Unité dans la variété*, qui est l'âme des grandes institutions.

Voilà pour la doctrine ; quant aux relâchements de la discipline, je ne crains pas d'être démenti par celui qui, sans manquer au respect et à l'admiration affectueuse qu'il professait pour Auber, a dû avouer, dans une circonstance solennelle, que « Auber, enivré par d'innombrables succès, ne « pouvait avoir, en matière d'enseignement, les mêmes sévé- « rités que son prédécesseur Cherubini, et que, par suite de « son âge et de son aménité naturelle, il ne s'est pas montré « peut-être assez soucieux de la discipline du Conservatoire. »

Ce n'est pas sans efforts qu'on pourra réduire au devoir les égoïsmes et les vanités depuis si longtemps et si commodément installés : il y faudra autant de caractère que d'intelligence et de sûreté de goût. Aujourd'hui l'on peut s'inspirer d'un autre mobile, redevenu plus vivace et plus puissant que jamais : le patriotisme, le zèle passionné du génie national, l'ambition de toutes ses supériorités et de toutes ses gloires.

S'il est vrai que les traditions et l'instinct de la musique française soient surtout vers le drame lyrique et le chant expressif, il n'y a pas de problème plus urgent que celui des études de chant au Conservatoire. Or c'est à vous maintenant, Monsieur, que sont échues les plus hautes responsabilités de l'enquête, à vous qu'est réservé le principal honneur des réformes. Qu'importent les petits intérêts et les petits amours-propres blessés, à qui peut compter sur le concours de tous les artistes dignes de ce nom, sur l'applaudissement de tous les amis de l'art sérieux et sur la reconnaissance publique ?

G. B.

III

C'est en ce qui touche le chant que les études se sont le plus compromises, et la question est assez grave en elle-même, outre qu'elle est *préalable* à bien d'autres. N'est-il pas évident, par exemple, que l'essor de notre nouvelle école d'opéra est entravé et comme *noué* par l'impuissance ou les vices de l'école du chant? Que d'ouvrages excellents sont mort-nés par la faute des chanteurs chargés de les révéler au public! Et que les chefs-d'œuvre consacrés ont sagement fait de prendre l'avance, pour résister, comme ils ont souvent à le faire, à leurs interprètes d'aujourd'hui! L'exécution est une condition de vie ou de mort pour les œuvres musicales. Quand les moindres *opere buffe* ou *serie* des *maestri* du xviiie siècle eurent l'honneur de se répandre à travers toute l'Europe, c'est qu'elles étaient présentées par d'admirables troupes de virtuoses, sortis en foule des nombreux Conservatoires de la Péninsule. Combien différente est la destinée de nos compositeurs qui, la plupart du temps, se voient trahis et mis à néant du premier coup dans leur propre pays!

Voilà pour l'esthétique : au point de vue du budget des théâtres, cette question de la réforme des études du chant n'est guère moins urgente, moins capitale : elle se rattache à l'ensemble des problèmes d'économie théâtrale, tant agités depuis cinq ans ; sur certains points même, elle s'y rattache comme la *cause à l'effet*. C'est surtout pour les théâtres lyriques qu'il est intéressant, indispensable d'étudier à fond l'état des choses et de chercher le remède, puisqu'il est avéré, après une longue et multiple expérience, que ceux-là ne peuvent se suffire à eux-mêmes et ne subsistent qu'à l'aide de subventions.

L'Etat s'exécute assez galamment de ce côté. Il se charge assez volontiers de ces différences reconnues inévitables et fixées en moyenne.

Quant au public, être essentiellement passif à Paris, il prend simplement les choses comme on les lui offre, sauf à murmurer de temps à autre quand un mauvais spectacle passe la permission.

— « Que voulez-vous que j'y fasse? dit l'impresario dolent ; voyez ce que me coûte mon personnel... mes *prime donne*... mon ténor... mon baryton !... Faut-il en chercher d'autres qui se feraient payer plus cher et que l'étranger nous arrache à force de guinées, de roubles et de dollars?

Jamais vous ne me rendriez en recettes ce que j'aurais déboursé en appointements. »

Dès qu'il est question du chiffre des appointements, il n'y a personne qui ne s'écrie, parmi les gens du monde aussi bien que chez les bons bourgeois : « Eh quoi ! un chanteur peut gagner par an deux fois plus qu'un ministre, vingt fois plus qu'un général, qu'un président de cour, qu'un député !... »

« — Et, s'il chantait bien, seulement !.. ajoute le dilettante. Ce n'est pas des 90,000 fr. de Faure que je me plains, mais 100,000 à cette faiseuse de babioles, 50,000 à ce hurleur brutal, autant et plus à tous ces soi-disant artistes, qui ennuient visiblement le public, voilà ce qui ne peut se soutenir. »

Tel est le concert de doléances unanimes qui s'élève aussitôt que cette question est jetée sur le tapis, mais il échoue contre un fait tyrannique, impassible. Impresari, dilettantes, hommes du monde et prudhommes peuvent se désoler ou s'indigner, il n'en sera ni plus ni moins, et personne ne prévoit, ne cherche même l'issue possible d'une situation aussi anormale.

Quant aux artistes, ils ne le font pas exprès ; ils jouissent de cette existence privilégiée sans se l'expliquer eux-mêmes. Ajoutons d'ailleurs que très peu daignent s'en montrer surpris : leur amour-propre est à la hauteur de la circonstance, et vous n'avez aucune peine à leur faire avouer que ces honneurs leur sont dus, qu'il n'y a pas au monde de plus haute mission que de ténoriser ou de sopraniser, que si Mario a gagné plus d'argent que Rossini, si Capoul est mieux appointé que tel grand magistrat, et la Patti ou la Nilsson plus que n'importe quel homme d'Etat, c'est qu'ils sont d'une espèce tout autrement précieuse. Ils auraient bien tort de se casser la tête à chercher le pourquoi !

Il n'y a pas de problème insoluble ; et si tant de gens d'imagination, d'esprit et de goût s'arrêtent devant celui-là, ou passent à côté sans rien trouver de mieux à l'encontre que de vaines plaintes, peut-être un homme habitué simplement aux affaires, un brave commerçant, un industriel y verrait-il plus clair, pour peu que la question lui fût posée nettement.

— Le budget des théâtres de musique ne peut s'équilibrer, dirait-il ; il y a quelque part une dépense hors de proportion. Voyons, dites-moi ce qui coûte le plus cher.

— Ce sont les artistes chantants, sans comparaison ; il y en a quelque-

tions, et je n'ai pas ouï dire qu'il s'y soit mis un *oïdium*. Il n'y a qu'à choisir dans le nombre aux examens d'entrée. Si la matière première est excellente, il faut de toute nécessité que ce soient les procédés de fabrication qui soient défectueux ou insuffisants, et qui, au lieu de la mettre en valeur, l'endommagent et la perdent.

Arrivé à ce point, notre brave industriel s'arrêterait, déclarant que ce n'est pas son affaire de juger les procédés de messieurs les professeurs de chant, et qu'il lui suffit d'avoir mis le doigt sur le siège du mal.

Il tombe sous le sens que si les conservatoires produisaient chaque année seulement une douzaine de chanteurs dignes de ce nom, on verrait, avant qu'il fût longtemps, le taux des appointements s'abaisser, et du même coup s'élever la moyenne des talents : alors disparaîtraient ces disproportions extravagantes et ruineuses, et le budget des théâtres lyriques trouverait son équilibre.

IV

Personne n'oserait nier cette pénurie et ces embarras chroniques des théâtres d'opéra ; mais puisqu'il se produit de nouveau des panégyriques à outrance de l'ensemble des études, puisqu'il y a d'imperturbables optimistes qui ont l'air de trouver mauvais qu'on ait posé la question d'une réforme de l'école, et opposent des protestations de non-lieu, il n'est peut-être pas inutile de montrer que cette situation déplorable des troupes lyriques procède logiquement, directement, au jour le jour, de l'enseignement actuel du chant au Conservatoire.

On essaie d'abord de faire de la statistique ; on dit le chiffre exorbitant des élèves admis aux classes, et des lauréats. On vous montrera, au livre d'or des concours de telle année, quatre prix de chant pour les hommes, sept pour les femmes, sept prix aussi dans les concours d'opéra, et huit dans ceux d'opéra-comique, etc. Quelle fécondité ! quelle prospérité !

Oui, mais il faut voir ce qu'il en reste au bout de deux ou trois ans Hélas ! que j'en ai vu filer de ces étoiles ! et quelle curieuse et navrante monographie il y aurait à faire sous ce titre : « Ce que deviennent les premiers prix du Conservatoire ! » Il suffirait d'ouvrir une enquête sur la destinée des lauréats de telle ou telle de ces riches promotions : on ne saurait pas tout, mais ce qu'on recueillerait de renseignements serait assez décisif. Ce serait un pendant à donner au livre humoristique de notre

l'école, et que l'état général de nos troupes lyriques me dément. Quant aux exceptions heureuses, elles ne témoignent qu'en faveur des individus; ce qui témoigne contre l'école, c'est par exemple certain premier-prix de chant, d'opéra, d'opéra-comique que je pourrais nommer, et qui, après d'éclatantes ovations aux concours de sortie, stupéfia tout le monde au théâtre par son incapacité absolue ; il fallut renoncer à lui faire créer un petit lever-de-rideau dont on avait voulu lui réserver la bonne fortune, et l'envoyer en province pour se former aux dépens d'un autre public : il en rapporta un talent déformé et une voix fourbue. Je pourrais également nommer un baryton qui s'était fait recevoir à l'école avec un air du *Trouvère*, et qui, ayant bien repassé ce même morceau avec son professeur, enleva, six mois après, un premier prix de chant aux concours de sortie. Avait-il appris la gamme ? je ne sais, mais il aurait eu grand mérite à le faire, car rien ne l'y forçait. Cela ne semble-t-il pas une gageure ?

Il existe, dans les archives de l'Opéra de Paris, une petite constitution dictée par Louis XIV, un an avant sa mort (novembre 1714), et contenant l'article qu'on va lire :

« Nuls acteurs et nulles actrices ne seront admis, s'ils ne savent assez
« de musique pour étudier seuls les rôles et parties qui leur sont confiés,
« à moins que ce ne soient des sujets de grande espérance; et, en ce cas, ils
« seront obligés, ainsi que ceux qui servent actuellement, d'acquérir dans
« un an le degré de capacité, faute de quoi ils seront renvoyés. »

Ce règlement ingénu du grand roi fut cassé par messieurs les premiers sujets de l'Académie de musique, tout comme son testament devait l'être par le Parlement. Les théâtres sont et seront toujours forcés de prendre ce que leur fournissent les écoles, et c'est à celles-ci qu'il faudrait commander des musiciens.

Maintenant, à supposer qu'un chanteur, élève et lauréat du Conservatoire, ait pris sur lui de suivre les classes de solfége, sans l'aveu et — qui sait ? — peut-être contre l'avis du professeur de chant auquel on l'avait inféodé, à supposer, dis-je, que le jeune artiste soit bon lecteur de musique, il ne s'ensuit pas nécessairement qu'il soit pensionnaire valable et durable au théâtre; il peut pécher par un autre point, plus grave encore, puisqu'il est plus irrémédiable.

Maint élève, entré à l'école avec une belle voix, en sort avec un organe très-sensiblement fatigué.

Le résultat est obtenu quand même, et par à peu près : mais, qu'on me passe cette trivialité, au moment où le civet va être réussi, il n'y a plus de lièvre. Les jeunes artistes arrivent, mais ils arrivent tués, ou n'en valent guère mieux : ils iront s'abattre et se *couronner* définitivement sur une scène publique après un an ou deux d'exercice.

Les artistes qui durent plus longtemps et qui parviennent à se faire une belle position, sont ceux dont la voix était *naturellement* assez bien posée pour résister aux fatigues d'une éducation surmenée, comme aussi aux méthodes empiriques des professeurs patentés, à la *phonation* de celui-ci, au *sombrage* de celui-là, aux petits morceaux de bois, aux petits hoquets systématiques de tel autre, etc., etc... Nous reviendrons sur ce point curieux.

Cette absurde éducation produit d'autres phénomènes. Je connais un ancien premier prix, un soprano qui exécute fort joliment les airs à roulades qu'on lui a enseignés de routine, mais qui n'a plus la même souplesse de voix dans les autres fioritures qu'on lui présente, alors même qu'elles sont aussi faciles en soi que les premières. Chose plus bizarre encore ! son professeur, qui est un habile praticien, sinon un maître consciencieux, est parvenu à lui faire bien sortir la voix sur les notes d'un air donné; la sonorité y est ample avec des timbres bien nuancés, ici vibrante et là exquise ; mais on ne retrouve que par moments cette beauté vocale lorsqu'on essaye de l'appliquer à l'improviste sur d'autres mélodies.

En un mot, tout est relatif à quelques airs et à quelques scènes. On sent bien que cette personne a naturellement de l'intelligence et de l'âme, et c'est ce qui l'avait mise hors de pair dans le concours ; mais, comme étude, tout est à recommencer ou, pour mieux dire, à commencer. Par quel lent et opiniâtre travail arrivera-t-elle (si jamais elle y arrive !) à reconquérir ce talent dont on ne lui a donné qu'un simple vernis?

Ici encore j'ouvre une courte parenthèse ; j'espère qu'on ne m'objectera pas naïvement que l'école n'a pas à produire des talents parfaits, achevés. Autre chose est une éducation régulièrement commencée, assise sur les bases normales, et attendant tous les développements et l'originalité que la pratique y doit ajouter : autre chose une éducation mal ébauchée, portant à faux, toute d'apparat et de trompe-l'œil.

Il y a en Angleterre une industrie bizarre, qui consiste à choisir de jolies filles du peuple, à les décrasser, à les vêtir en demoiselles de bonne maison, à leur donner rapidement quelques leçons de maintien et de conversation, et à les produire en promenade et au théâtre, jusqu'à ce qu'un

thodes du Conservatoire, et elles sont ignorées au Conservatoire, sauf en quelques classes. Il existe des Règlements, et il y est.... régulièrement contrevenu.

Qu'on ne s'empresse pas de dire non ! Dès que le débat se rouvrit, il y a dix-huit mois à propos des séances de la Commission, il se remarqua un double phénomène (1). D'un côté, c'était une pétulance d'attaque qui semblait s'emporter plus loin en raison directe de l'incompétence ; c'étaient des procédés de discussion agressive, qui n'avaient rien de parlementaire, quoiqu'ils se couvrissent de cette qualité.

D'autre part, ce n'étaient que protestations péremptoires que tout était pour le mieux, avec une démangeaison furieuse d'interdire l'examen des choses intérieures de l'école à toutes personnes du dehors ; on n'était un peu retenu dans l'expression de ce sentiment que par la salutaire crainte de mettre tout des premiers le Ministre à la porte de la discussion. Et puis il fallait prendre garde de trop manquer d'égards à la mémoire de Sarrette, qui, sans être un grand musicien, fut le fondateur et l'organisateur de l'école, et dont on n'a guère fait que gâter l'œuvre logique et grandiose. On n'ose pas dire trop haut, dans sa maison, qu'il s'est mêlé de ce qui ne le regardait pas.

Le plus plaisant, c'est qu'il n'est pas bien certain qu'en n'appelant que des musiciens de profession, on en finirait avec les récusations préalables. Il serait possible qu'on objectât à M. Félicien David qu'il ne s'entend pas aux questions d'enseignement, et possible aussi que ce fût vrai, car il est incontestable qu'un excellent professeur peut n'être pas un artiste inspiré, et réciproquement. Et puis, qui sait si les professeurs d'harmonie et de composition ne trouveraient pas singulier que les maîtres de chant se permissent de raisonner sur l'enseignement de la fugue, sur la nécessité du contrepoint rigoureux ? Et pourquoi les autres ne s'en autoriseraient-ils point pour prendre vis-à-vis de leurs confrères le superbe

---

(1) La parenthèse qui s'ouvre ici suffirait pour indiquer que le présent travail a paru d'abord en articles détachés, et que, malgré le plan rigoureux que nous nous étions fait d'avance, nous avons été plus d'une fois entraîné à toucher quelques mots des incidents qui s'étaient produits dans l'intervalle d'un article à l'autre. Fallait-il effacer tout cela dans la brochure ? Nous avons pensé qu'il valait mieux laisser à notre étude sa forme originelle et spontanée, quitte à prévenir de temps à autre le lecteur par une courte note.

français, qu'il avait trop longtemps négligé de le vouloir. Je ne suppose pas non plus que le maréchal Vaillant eût résolu cette déclaration en cachette de MM. Auber et Camille Doucet, pour la faire éclater, comme une mine préparée de loin, sous les pieds du directeur et des professeurs réunis chez eux en séance solennelle. Du reste, on n'aurait rien avoué officiellement, qu'il n'en serait ni plus ni moins dans la réalité. L'honorable M. Lassabathie a pris soin de publier les règlements dans le livre qu'il a consacré à l'histoire du Conservatoire; il nous est donc facile de faire la comparaison de ce qui est avec ce qui devrait être.

On y voit, par exemple, le tableau annuel des classes avec les noms des lauréats depuis la fondation jusqu'à nos jours : or, jusqu'en 1835, les concours de vocalisation y figurent comme intermédiaire invariable entre ceux du solfége et ceux du chant. Pourquoi ont-ils disparu ? Ils existaient en vertu d'un règlement, ainsi qu'on s'en assure en se reportant à la page 289, où il est dit que les classes de vocalisation sont obligatoires aux élèves chanteurs, et qu'on ne peut être admis aux classes de chant sans faire ou avoir fait partie de celles de vocalisation. Le règlement de 1800 et celui de l'an IV étaient encore plus formels : l'enseignement y était divisé en trois degrés, et il n'était pas permis de passer à un degré supérieur avant d'avoir été classé dans le degré précédent et d'avoir passé les examens *ad hoc*. Le premier degré était pour les études élémentaires de solfége, le second pour les développements variés du solfége, la vocalisation, le chant simple; enfin, le troisième degré était pour le chant dramatique et les exercices en scène... (1)

A cette époque, il y avait de l'unité et de la suite dans les études : l'ensemble en avait été réglé et ordonné avec un bon sens admirable par le fondateur Sarrette, assisté de maîtres tels que Cherubini, Méhul, Gossec, Catel, Lesueur, Garat, Lays, Kreutzer, etc. Ce logique et puissant appareil a été ruiné, et ce n'est pas d'hier. Je dois dire que, dès 1841, un nouveau Règlement était promulgué, qui, sans appuyer sur l'abrogation for-

---

(1) Nous avions publié pour la première fois ces lignes quinze jours avant la séance où la Commission a voté le rétablissement des trois degrés. Il n'en sera pas moins nécessaire d'insister sur l'excellence et l'urgence de cette décision : d'abord elle n'a nullement force de loi et n'est qu'un vœu exprimé à l'administration supérieure; puis alors même que celle-ci aura reconnu le principe, ce principe n'aura d'efficacité dans la pratique qu'à certaines conditions que nous essayerons d'indiquer plus loin.

mais quelqu'un de l'école a daigné me le faire. — Or si le niveau des études s'est ainsi abaissé, ne serait-ce pas, par hasard, l'effet de cette désorganisation à laquelle on s'est complu? Sous le régime de l'ancien règlement, on donnait des exercices publics, on en donnait beaucoup et de brillants. Comme ils étaient la résultante logique de l'ensemble des études, ils pouvaient bien en être le glorieux couronnement. En voulant les moyens, on s'était assuré de la fin; et il fallait que ces excellents vieux maîtres fussent bien sûrs de leurs méthodes, car ils se portaient d'avance responsables du succès. Voici ce qui est écrit dans la préface des Solféges du Conservatoire, préface signée de Cherubini, de Méhul et des autres : « Si un élève ne montre que peu de talent au sortir de l'école, c'est la faute du professeur de solfége. » Vous pensez bien qu'ils n'étaient pas moins exigeants pour les autres professeurs. Aujourd'hui, les maîtres de chant n'obligent plus au solfége et brusquent le reste. S'il était vrai que les exercices publics fussent le couronnement des études, n'est-il pas naturel que la suppression du couronnement ait été entraînée par celle des fondations?

VI.

C'était après de longues délibérations que les membres fondateurs de l'école en avaient fixé les méthodes; et les prescriptions contenues dans leurs livres sont scrupuleusement motivées. Quand leurs traditions furent ainsi abandonnées, malgré l'excellence des résultats, sans doute on avait délibéré à nouveau? On mettait en avant d'autres motifs? Oh! mon Dieu non! Le ministre Duchâtel, qui florissait en 1841, promulgua le nouveau règlement.... comme cela, « vu la proposition du directeur du Conservatoire de musique et l'avis de la commission des théâtres. » La dernière édition de 1850 mentionne le rapport d'une commission instituée pour rechercher les modifications à introduire dans l'administration et l'enseignement du Conservatoire. Seulement, la commission, cette fois, était composée de professeurs de la maison, et ils n'avaient garde de réclamer contre le nouveau régime, qui, en supprimant la graduation et l'enchaînement sévère des études, les avaient faits chacun maître chez soi, sous la présidence d'un confrère illustre qui entendait les choses ainsi, un peu par conviction et beaucoup par insouciance courtoise.

Pour qu'il n'y eût pas de retour possible au premier ordre de choses, il ne suffisait pas d'en avoir désarticulé le mécanisme en ses charnières logiques, il fallait reléguer à l'écart les fameuses *Méthodes du Conservatoire*, dont l'ensemble compacte imposait, plus sûrement encore que les cinq ou six paragraphes du règlement, un enseignement solidaire, homogène.

C'est avec cette belle idée de l'unité que l'école était née, et, Dieu merci ! née viable. Le règlement de l'an IV en faisait son dogme. Diverses commissions spéciales étaient instituées pour rédiger les manuels élémentaires particuliers aux diverses classes ; et ces projets de manuels étaient soumis aux délibérations de tous les membres du Conservatoire, réunis en assemblée générale (j'allais dire en Constituante) ; chaque méthode, ainsi fixée et adoptée à la majorité des voix, était obligatoire dans les classes, et le directeur avait charge expresse d'y veiller. Les mêmes prescriptions sont renouvelées dans le règlement de l'an VIII ; et dans celui de 1822, nous trouvons encore au titre V que « l'enseignement, selon les ouvrages élémentaires adoptés par l'école, est *d'obligation* pour tous les professeurs de l'établissement. » Puis le titre VI énumère ces ouvrages *classiques* ; on y aperçoit bien la tendresse du directeur Cherubini pour les livres illustres de l'ancienne école italienne, mais le mal n'était pas grand, puisque les musiciens les plus sévères s'accordent à trouver ces livres excellents pour former la voix et le goût. En tout cas, les *Solféges du Conservatoire* et la *Méthode de chant du Conservatoire* gardaient tous leurs droits.

Si nous passons aux règlements de 1841 et de 1850, nous voyons que rien n'est plus « obligatoire » dans les classes : ce point est laissé dans le vague. Sans doute on n'emploie que les livres *adoptés* par le comité des études ; mais le nombre en est devenu incalculable, et il serait bien curieux d'en faire le cadastre chez les éditeurs de musique. Le *visa* ne tire plus à conséquence.

Et comment, je vous prie, les membres du comité auraient-ils osé se montrer inhospitaliers pour les ouvrages présentés du dehors, quand il était notoire qu'ils se passaient assidûment entre eux la rhubarbe et le séné de l'adoption scolaire ? Je parle ici très au sérieux : il doit être moralement impossible de refuser cet acquiescement à un collègue auprès de qui l'on vit tous les jours ; et je crois que les plus consciencieux d'entre ceux qui ne font point de méthodes sont navrés, la plupart du temps de n'avoir aucun prétexte d'endiguer cette marée montante de la complaisance universelle. S'ils pouvaient se prendre à un petit paragraphe dans le règlement *actuel*, ils s'y cramponneraient désespérément, mais rien !... Que voulez-vous qu'ils fassent? Ils approuvent, adoptent, et continueront d'approuver, d'adopter, à moins d'hérésies énormes. Le mauvais goût et les procédés défectueux ne sont déjà plus une raison de refus.

C'est aussi entre collègues que s'étaient élaborées les *Méthodes du Conservatoire*; mais il y avait alors un principe qui dominait tout, celui de l'unité, de l'homogénéité des études. Il s'agissait d'une œuvre *collective*, *anonyme*; de par le pacte fondamental de l'École, amour-propre et intérêts personnels étaient forcément mis de côté : il ne restait en présence que l'expérience et le zèle impartial.

Nous n'avons pas relu sans une impression de respect les instructions préliminaires servant de préface à cette encyclopédie scolaire ; la préoccupation de l'art y est partout ; dès les premières leçons de solfège, on s'inquiète de former le sentiment musical, de déterminer les principes d'art dont s'inspirera le style, et d'établir tout le talent sur des bases solides et naturelles. Et c'était ainsi d'un bout à l'autre des études. Je ne puis m'empêcher de citer ce passage de la *Méthode de chant* qui de toute façon a son éloquence :

« Il ne suffit pas de posséder une superbe voix, cultivée par la meilleure méthode, il faut être instruit. L'instruction qui convient à un chanteur ne doit pas se borner à savoir lire la musique à première vue » (hélas! il y a des lauréats aujourd'hui qui resteraient en deçà de cette première borne),» il est essentiel qu'il ait une connaissance assez étendue des lois de l'harmonie et de la modulation.... pour se conduire, en ornant le chant, de manière à n'employer jamais des traits qui ne seraient pas d'accord avec l'harmonie. A l'égard des connaissances littéraires, il est indispensable qu'un chanteur sache parfaitement sa langue, afin de bien prononcer les mots, de les bien accentuer, de comprendre leur signification précise. S'il se destine au théâtre, il faut qu'il lise les poëtes ; et cette lecture, jointe à celle de l'histoire, ornera sa mémoire, et tiendra son âme dans cette espèce d'état d'exaltation nécessaire pour exprimer les grandes passions dramatiques. »

Voilà ce qu'on trouve à côté de la technique la plus minutieuse. A cette époque le Conservatoire de Paris pouvait se flatter d'avoir un esprit à lui, un caractère, une âme.

Tout cela est fort bien, dira-t-on, mais il y a aussi les droits imprescriptibles de l'innovation, du perfectionnement, en un mot du progrès.

Depuis soixante ans, des formes neuves se sont produites dans le style, et toutes ne sont pas illégitimes ; la facture instrumentale s'est modifiée à son avantage, et puis enfin il n'est jamais défendu de trouver des formules et des procédés meilleurs pour l'enseignement, etc., etc.

Qui le nie ? la petite Constitution musicale de l'an IV avait, dès le premier jour et dès avant même la réalisation des travaux, déclaré perfectibles et sujettes à révision les méthodes du Conservatoire. Il demeurait toujours possible de proposer les amendements présumés utiles à l'amélioration des méthodes. La proposition se faisait à l'assemblée semestrielle, qui décidait s'il y avait lieu ou non d'examiner. En cas d'affirmative, l'examen était confié à une commission de sept membres qui présentait son rapport à l'assemblée suivante. Alors l'amendement était discuté à fond ; au besoin, deux séances extraordinaires, convoquées à quinze jours d'intervalle, devaient mener le débat à sa fin. Si l'amendement était adopté, une commission de trois membres était chargée d'en faire l'incorporation dans l'ouvrage scolaire auquel il était relatif, et de soumettre les résultats de son travail à l'assemblée générale, tout exprès convoquée, laquelle était tenue (c'est le règlement qui parle) « de prononcer sur cet objet sans désemparer. Alors, est-il dit encore, l'amendement adopté est revêtu du caractère qui prescrit l'obligation de sa pratique dans l'enseignement à tous les professeurs du Conservatoire. »

Etait-ce assez parlementaire ? et ne trouvez-vous pas que ce résumé historique de nos législations comparées en matière musicale est bon à poursuivre ? — Le régime de l'an VIII est confirmé en 1808, sous l'Empire. En 1822, le gouvernement de la France étant devenu parlementaire, on met à la tête de l'École un conservateur, un réactionnaire même et des plus résolus ; aussi Cherubini supprime-t-il de la nouvelle charte octroyée toute mention de ce mécanisme révisionnaire qui sentait un peu trop sa *Commune* musicale *de Paris* ; seulement il confirme aux Méthodes de l'École leur caractère obligatoire et constitutionnel.

En 1841, le gouvernement de la France étant devenu non-seulement parlementaire, mais très-libéral, on établit l'autocratie directoriale au Conservatoire. Désormais, dans bien des cas, le directeur agit de son chef ; pour les autres, il prend l'avis du comité des études, dont les membres sont nommés, sur sa proposition, par le ministère. La charte

VII.

Quand ils réclamaient, il y a six ans, la restauration du principe de l'unité dans les études, c'était au nom des traditions et de la *logique*.

Au nom de quoi parle-t-on cette fois? De la liberté d'innovation? En quoi donc est-elle en souffrance? La liberté pour une méthode consiste à pouvoir faire ses preuves, et voilà un temps immémorial que la méthode du chiffre fait les siennes, sans avancer d'une manière bien sensible dans la faveur du public, et surtout dans celle du monde musical proprement dit.

On cite trois ou quatre musiciens qui ont donné leur adhésion; peut-être faut-il décompter Rossini, ce grand mystificateur, qui souvent laissait prendre son nom pour en finir avec certaines obsessions, mais qui n'a cessé de rire des choses et des hommes de son temps. Je ne veux pas sonder la conscience des autres, mais ils sont unanimes à reconnaître que ce système ne peut servir qu'à la musique simple, qu'il devient aussitôt gênant dans le style modulé, qu'il est d'ailleurs impossible pour la partition d'opéra, pour la musique instrumentale, etc., etc. N'en faudrait-il pas conclure qu'il est aussi déplacé dans une école normale supérieure qu'il peut être bien venu, à titre d'expédient, dans un orphéon populaire? S'il se trouve un compositeur assez courageux pour contredire à cette humble énonciation, qu'il se nomme! (1) Quant aux *philosophes*, puisque philosophes

---

(1) A l'une des séances de la commission, on a pu croire un instant que ce musicien héroïque était trouvé en la personne de M. Gevaërt qui proposait, pour soutenir l'épreuve, le professeur Hipp. Dassirier, du Conservatoire de Gand. Mais voici que ce dernier, dans une note distribuée à la commission, et tout en promettant monts et merveilles, déclare obtenir ces résultats sans le secours du chiffre, et grâce à des améliorations personnelles, dont quelques-unes se rattachent aux traditions d'Edouard Jue, l'un des premiers Pères et Docteurs de la méthode. Voilà pour le Conservatoire de Gand. Veut-on maintenant l'opinion de l'ancien directeur du Conservatoire de Bruxelles, autorité qui en vaut bien une autre : voici quelques lignes extraites de sa notice biographique sur Galin. Elles s'appliquent à toutes les méthodes qui ont un autre point de départ que la notation usuelle : « Le défaut radical de cette méthode, comme de toutes celles du même genre, est qu'il faut finir par montrer aux élèves de la musique écrite et chargée de tous les signes dont l'usage ne leur est pas habituel, et dont l'aspect compliqué n'a point de rapport avec les idées simples auxquelles ils sont accoutumés. Alors se révèle une vérité incontestable : c'est qu'on a appris quelque chose qui peut servir d'introduction à l'étude de la musique, mais qui n'est pas la musique elle-même. »

M. Gevaërt, qui a succédé à M. Fétis, au Conservatoire de Bruxelles, n'y a pas encore intronisé le chiffre. Qui vivra verra.

Quant à Rossini, a-t-il dit un mot du chiffre dans le plan qu'il a laissé d'un nouveau Conservatoire?

il y a, il me semble que la question, posée en ces termes, est résolue d'avance, en bonne logique, puisqu'il s'agit aujourd'hui d'enseignement supérieur et non pas d'enseignement primaire.

La comédie serait incomplète si le plus spirituel des sceptiques ne s'était chargé, cette fois, de crier au « martyre » et au « miracle. » Le miracle est, dit-on, d'avoir plus vite amené des orphéonistes et des amateurs à lire la musique. J'invite les évangélistes du chiffre à se faire introduire, un jour quelconque, dans une classe de solfége, au Conservatoire; on leur présentera des bambins et des bambines de 10 ou 11 ans, futurs pianistes et violonistes, qui leur déchiffreront à première vue des morceaux difficiles à plaisir, avec tous les changements de clefs qu'ils voudront, voire même en tenant le livre à l'envers, en suivant à reculons des canons à l'écrevisse, ce vieux reliquat des badinages scolastiques. Car au fond, voyez-vous, ce n'est pas plus sorcier que cela!... Et ces bambins dont je parle supporteraient sans peur et sans reproches l'assaut des Galinistes les plus adultes. C'est un miracle qu'on tient à la disposition des philosophes et des politiciens qui se sont jetés à l'étourdie dans cette échauffourée technique. Ils verront que les chiffristes, très à l'aise dans les morceaux qui modulent peu, perdront toute leur désinvolture dès qu'on les mettra aux prises avec certains passages — et je dis des plus admirables — de tels maîtres qu'on voudra choisir — et je dis des plus classiques.

Après cela, si l'on veut passer aux partitions dramatiques ou symphoniques, la méthode du chiffre se récusera, tandis que les élèves du « grimoire usuel » poursuivront imperturbablement l'expérience.

Mais, dira-t-on, comment se fait-il que les sociétés du chiffre soient souvent triomphantes, en matière de lecture, dans les concours orphéoniques? Eh! mon dieu! cela tient à une raison presque niaise, tant elle est simple : c'est que les sociétés ordinaires n'étaient guère, jusqu'ici, que des réunions de voix auxquelles on inculquait de routine, et à force de répétitions, deux ou trois morceaux très-soignés en vue des concours, et qui négligeaient les exercices de lecture musicale, tandis que l'autre école en faisait, au contraire et avec toute raison, un article de foi de son enseignement.

Maintenant que l'épreuve du déchiffrement à première vue est devenue obligatoire dans les concours, les orphéons du « grimoire » prendront la peine d'apprendre à lire dans leur langue habituelle, et ce trop fameux miracle du *chiffre* tombera de soi-même. Mais si, d'autre part, au Conservatoire impérial, on s'obstine à cette inqualifiable tolérance, en vertu de laquelle les élèves des classes de chant ont cessé d'être obligés à l'étude du solfége, il deviendra de notoriété vulgaire que pour être lauréat officiel de chant, d'opéra-comique et d'opéra, on est moins rigoureusement tenu de « savoir lire » que pour être un cinquantième ou un quatre-vingt-dixième d'orphéon.

Je n'entre pas dans la discussion pédagogique et je m'en tiens à l'énonciation de faits connus ou très-faciles à contrôler pour quiconque en aurait l'envie sincère. Mais je supplie instamment les gens d'esprit et de bon sens, qui se sont prêtés à cette œuvre ingrate, de rayer de leurs discours les grands mots de « persécution » et de « martyre, » qui ne sont ici que des truismes risibles. L'apostolat du chiffre a joui de toute liberté, ainsi que des plus hautes influences, il n'a donc tenu qu'à lui de conquérir et le public et les artistes.

On ne peut pas dire que la lumière soit tenue sous le boisseau ; or, à qui la faute si l'immense majorité du public continue à s'adresser aux méthodes usuelles, et s'il n'y a qu'un tout petit nombre de musiciens qui adhèrent à la nouvelle ?

Cinq ou six sur mille, c'est bien peu probant, et encore n'en est-il pas un qui ne fasse bien des restrictions et ne réduise la revendication à quelques exercices et procédés pédagogiques mieux compris (1).

Ma conclusion est qu'on devrait uniquement s'inquiéter « d'incorporer », s'il y avait lieu, après mûre délibération et discussion, ces procédés nouveaux dans les diverses parties de l'enseignement primaire officiel auxquelles ils se réfèrent. Ainsi l'avaient entendu les fondateurs et premiers organisateurs de l'École, dont l'*Opinion nationale* de 1864 admirait si absolument le génie.

Car j'en reviens aux principes de logique et d'unité très-heureuse-

---

(1) Depuis, on a produit des lettres de MM. Félicien David, Membrée et du prince Poniatowski, déclarant le chiffre bon pour tout l'enseignement. Dont acte ! mais ce n'est pas encore une minorité imposante.

sérail » et « l'omnibus de professeurs » dont se moquait avec un si bel entrain l'*Opinion nationale* de 1864 (1).

VIII.

Si cette intrusion disparate se réalise, le Conservatoire n'aura que ce qu'il mérite, car il a fourni à la partie adverse son argument le plus spé-

---

(1) C'est en ces termes que j'avais touché en passant l'incident du *chiffre*. Une dizaine de jours après, il y fut répondu dans l'*Opinion nationale*. J'étais absent à ce moment ; je trouvai à mon retour que toute la discussion théorique (dont je m'étais d'ailleurs fort peu mêlé) avait été menée avec l'autorité la plus décisive par MM. Hippolyte Prévost, Oscar Comettant et Moschelès. Quant à la contradiction que j'avais signalée entre les propositions actuelles de l'*Opinion nationale* et la série d'articles de 1864, M. Azevedo a cru s'en tirer par une de ces pirouettes qui lui sont familières : « Il n'y a pas de méthode du tout au « Conservatoire, pour le solfége, cela est absolument constaté, disait-il. Donc nous ne « sommes pas en contradiction avec nous-même en demandant qu'on en expérimente une. » Je ne suis pas de ceux qui pensent qu'il n'y ait aucune amélioration à introduire dans l'enseignement du solfége, mais à le prendre tel quel, n'est-il pas grotesque de considérer comme *nulles* des classes où l'on constate les résultats étonnants obtenus avec des enfants de dix ans, et faciles à vérifier chaque jour à l'improviste si l'on veut ? D'ailleurs, dans les articles de 1864, ces classes de l'école n'étaient nullement critiquées, et M. Azevedo admirait sans réserves l'ensemble logique des études établi au commencement de ce siècle par « l'incomparable Bernard Sarrette » et par ses premiers coadjuteurs ; il ne se lassait pas de célébrer « leur haute raison, leur esprit à la fois philosophique et pratique. » Il déplorait que la pluralité des méthodes discordantes se fût substituée *à l'unité de direction, de doctrines et de moyens pédagogiques*. Or, comment concilier cette unité avec l'intercalation disparate d'une ou deux classes où l'on se propose de prêcher une *autre doctrine*, de parler une *autre langue*, d'employer un autre *système de signes* et de *moyens pédagogiques* ? Au lieu de recourir à ces échappatoires de plaisantin, ne vaudrait-il pas mieux avouer qu'on a changé d'idée là-dessus depuis six ans ? M. Azevedo a eu d'autres palinodies sur des points plus essentiels : quand on le voit, par exemple, affecter bien haut de rire en parlant de la multiplicité des clefs, on se demande si c'est le même homme qui décrétait jadis que les exercices de transposition sont le complément de toute bonne éducation musicale, et que tout système d'écriture sur une seule clef est un rêve impossible. » On ne saurait jamais blâmer un homme de changer d'avis, s'il le fait sincèrement, s'il en convient de bonne grâce, et si cette aventure lui inspire pour l'avenir une salutaire modération. La modération, je le sais, est rendue difficile au confrère dont nous parlons, par le dépit des mécomptes qu'il s'est attirés comme à plaisir. Avoir passé sa vie à déclarer *les Huguenots* non viables, et assister aux développements indéfinis de la gloire de Meyerbeer ; avoir refusé le laissez-passer au *Faust* de Gounod, et le voir installé au répertoire universel ; avoir rabaissé, découragé assidûment tous les maîtres français, un seul excepté, et sentir cette école s'affirmer de plus en plus, et prospérer autour de soi ; enfin s'être voué à la réussite d'un système hétéroclite, admis depuis un siècle à faire ses preuves, et constater qu'il reperd du terrain à chaque fois qu'il semble près d'en regagner, il y a de quoi aigrir un caractère, même mieux fait que le sien. — (Cette note avait été écrite dans l'entraînement des polémiques d'il y a quatorze mois. Aujourd'hui nous dédaignerions sans doute de la faire ; mais puisque cette brochure nous revient toute prête en épreuves et déjà mise en pages, laissons-lui sa forme première.)

spécialité, c'est s'exposer à fausser des vocations qui allaient se déclarer dans d'autres sens, et à fabriquer un très-grand nombre de musiciens, instruits sans doute, puisqu'ils auront étudié pendant huit ou dix ans, mais hommes de métier, artistes sans inspiration géniale, *invita Minerva*, et de ceux-là il y en a toujours trop pour encombrer et vulgariser le monde de l'art.

Le jour où je visitais l'Ecole impériale des théâtres à Saint-Pétersbourg, je fis ces objections à l'administrateur ; il me répondit que lorsqu'un élève après avoir été essayé dans tous les genres de talents enseignés à l'Ecole, chant, comédie, drame et danse, se montrait décidément réfractaire à toute vocation artistique, on en faisait, suivant son degré d'intelligence, un régisseur, un contrôleur, un caissier, un comptable, voire un avertisseur dans les théâtres impériaux. — Qui sait ! il eût peut-être fait un bon agriculteur... était-ce bien la peine de lui faire perdre son adolescence et sa première jeunesse aux études artistiques !

Le système le moins illogique est peut-être encore le système français, qui laisse une latitude de douze ou quinze ans pour l'admission des élèves: ils viennent quand la vocation les pousse ; or c'est précisément à la dernière heure du délai réglementaire que doivent se présenter les élèves du chant.

On ne peut commencer à dix ou douze ans les études vocales, si ce n'est pour faire des enfants de chœur ; et il en faut bien, puisque l'Église n'admet pas les voix de femmes. N'étaient ces exigences canoniques, peut-être vaudrait-il mieux ne pas faire chanter les enfants ; on risque de fatiguer l'organe vocal, très-délicat à cet âge, et d'ailleurs on ne peut jamais être sûr que la plus belle voix d'enfant ne sera pas remplacée, après la mue, par une voix impossible. Faure est une merveilleuse exception, mais il faudrait lui demander des nouvelles de ses camarades de maîtrise. Je connais un musicien, organiste et pianiste, qui avait autrefois une ravissante voix de soprano, et qui chante faux maintenant ; il le sait, car il a l'oreille juste, mais le larynx n'en peut mais ; d'ailleurs il ne lui servirait à rien de rectifier l'intonation, puisque l'étoffe vocale est mesquine et laide. Voilà les surprises très-ordinaires du phénomène de la mue.

Les anciens Conservatoires d'Italie avaient un assez grand nombre d'élèves pour attendre les décisions de la nature, et tourner alors l'éducation vers le chant, la musique instrumentale ou la composition ; mais il

faire des prodiges de valeur ou de dévouement, se surexciterait l'imagination et s'exercerait à certaines prouesses, mais qui oublierait un petit détail : la santé !

Je m'empresse d'ajouter que tous les maîtres de chant ne sont pas aussi indifférents à cette question préalable. Elle est devenue la préoccupation principale de M. Bataille, qui a publié un traité très-explicite sur ce qu'il appelle la *phonation* (mot de son invention que les philologues ne trouvent pas heureux : la racine en est grecque et la désinence latine). Dans leurs récentes brochures, MM. Jules Lefort et Delprat attachent également beaucoup d'importance à ces problèmes.

On aurait tort de penser qu'ils sont simples et peu sujets à controverse : si l'on rapproche ou compare les diverses méthodes et les diverses pratiques professorales, on se retrouve en présence d'une confusion digne des plus beaux jours de la tour de Babel.

Quoi de plus naturel que de *respirer*, par exemple? M. Jourdain croyait savoir respirer, et il respirait en effet autant et aussi bien que doit le faire un honnête homme qui a vendu toute sa vie du droguet; mais la respiration étant le véhicule de l'art des Garcia, des Nourrit, des Falcon, il faut y prendre un peu plus garde ; il s'agit d'en tirer tout le parti possible, de ménager le mécanisme; de plus, la longueur du souffle est une des conditions du grand style; et comment sans cela mener librement une phrase et rester sûr de tous ses effets d'expression? Eh bien! il y a des professeurs qui n'en prennent aucun soin particulier, et les meilleures méthodes ne s'entendent pas toujours sur ce point essentiel. L'ancienne méthode du Conservatoire, si excellente d'ailleurs, se trompait là-dessus ; elle enseignait à respirer à grands coups d'épaules, et il a fallu la corriger à cet endroit, dans la nouvelle édition, par une excellente et savante note du docteur Mandl. Lablache aussi, dans son *Traité de chant*, disait : « Aplatissez le ventre et remontez la poitrine. » D'autres maîtres en cet art, Crescentini, par exemple, ont au contraire édicté que le chanteur doit respirer sans que le spectateur s'en aperçoive presque, et c'est là le miracle réalisé par les meilleurs artistes d'aujourd'hui, par Faure nommément, qui soutient ainsi sans efforts apparents les rôles les plus considérables : Guillaume Tell, Don Juan, Hamlet... Outre que la respiration à coups d'épaules est disgracieuse à voir et trop évidemment fatigante pour le corps qui se livre à ces soubresauts, il est scientifiquement prouvé que ce mouvement fait plier le tube respiratoire, et par suite empêche de reprendre autant d'air que dans le cas où le corps reste droit. Puisque ce principe est établi, qu'on s'y tienne absolument dans les écoles officielles.

Voilà pour la respiration ; mais lorsqu'on arrive à l'émission vocale proprement dite, il devient impossible de s'entendre : tel professeur veut tout faire chanter en voix *sombrée*, tel autre tout en voix claire, ou tout en voix de gorge, ou à travers les dents, ou dans les fosses nasales, qui sont la caisse de résonnance recommandée par plusieurs, etc., etc.

Certes, on peut bien accepter que chaque maître ait sa manière favorite pour émettre et colorer la voix, d'autant mieux qu'il n'y a pas deux voix exactement semblables dans la nature. Quelle monotonie assommante si toutes les voix étaient ramenées artificiellement au même timbre et au même mécanisme ! Je dirai plus : tout grand chanteur dramatique devrait se rendre maître de ces diverses colorations de la voix et s'en servir à volonté pour l'expression. Mais autre chose sont ces nuancements de la voix normale, autre chose les sonorités hétéroclites que certains professeurs imposent. Autre chose seraient ces manières particulières des différents maîtres, nuançant légèrement la méthode générale et unique de l'école ; autre chose est l'empirisme. Continuez seulement de tenir la porte de l'École ouverte aux fantaisies de l'enseignement *personnel*, et nous en verrons de belles, passer du dehors au dedans !

Tel professeur enseigne le chant horizontal, c'est-à-dire qu'il fait coucher ses élèves sur un matelas pour leur apprendre à respirer, puis à chanter ; tel autre les fait accroupir sous une sorte de chevalet de torture, la tête passée entre deux barreaux et bien relevée : « Quand on est parvenu, dit-il, à bien chanter dans cette posture, on n'est gêné nulle part pour chanter ! » Cela est facile à croire.

Un autre fait coucher les élèves à la renverse et s'asseoit sur leur estomac, pendant qu'ils chantent : « Avec quelle facilité ne chanteront-ils pas quand ils seront debout et débarrassés ! » Même raisonnement chez celui-ci qui vous met des petits bâtons entre les dents et chez celui-là qui vous donne des marteaux de forge à manœuvrer. Un des plus redoutables est celui qui impose à l'élève une espèce de bâillon, de poire d'angoisse, destinée, suivant lui, à donner de vive force à la bouche une forme plus favorable au chant. Et cet autre qui, par principe, n'accepte jamais la voix qu'on lui apporte, et se charge de vous en donner une autre après avoir *vidé* la première ! — C'est son horrible expression.

On trouvera dans le livre de M. Oscar Comettant : *Musique et musiciens*, de curieux détails sur ces diverses pratiques, qui font ressembler certaines officines vocales à des cabanons de Charenton.

Ces choses mirifiques ont été généralement imaginées par les maîtres français parisiens. Je n'ai pas ouï dire que les professeurs italiens fussent aussi ingénieux : le plus clair de la méthode actuelle de la plupart d'entre eux est de faire crier l'élève de toutes ses forces : *Piu forte! ancora!... crepa!...* Une invention italienne moins brutale, et qui est très à la mode en ce moment dans les études de chant, c'est ce qu'on appelle « l'attaque glottique: » cela consiste à serrer le larynx avant d'émettre la note et à faire partir celle-ci subitement, en forçant l'obstacle factice, à la façon d'une porte qu'on fermerait pour avoir ensuite à la défoncer. La définition est de M. Jules Lefort, qui critique très-justement cette nouveauté. N'y a-t-il pas des moyens plus naturels d'arriver à l'attaque soudaine et franche? Et n'est-il pas évident que ces efforts répétés doivent finir par dégrader l'organe?

Un mot aussi de la *mise de voix*, des *sons filés;* c'est le nom qu'on donne aux sons pris en douceur, enflés et puis diminués. Cet exercice procure la souplesse de l'organe, et, comme on sait, il n'y a pas de véritable vigueur sans élasticité. La force dépensée en soubresauts durs et brusques arrive vite à se briser. Jadis le *son filé* était un article de foi dans l'école italienne; et ce qui prouverait qu'on doit s'exercer dès les premières leçons, c'est précisément cette dénomination de *mise de voix* que lui avaient donnée les anciens maîtres : il était bien convenu que la voix ne devait jamais s'émettre normalement qu'avec souplesse. Eh bien ! il se trouve des méthodes, et parmi les plus célèbres, qui ne font venir les sons filés que très-tard, à la fin des études de vocalisation, après bien des exercices de force et de rapidité.

J'aurais cru, d'autre part, qu'il tombait sous le sens que le port de voix devait être évité au commencement de l'éducation; que l'attaque franche pouvait seule accoutumer l'oreille et le larynx à l'exacte justesse et netteté des intonations, et qu'il serait toujours temps, après cela, d'enseigner les ports de voix qui font flotter et glisser le chant. Or, il est un professeur renommé du Conservatoire qui fait de cet effet un usage presque continuel. De là sans doute la *phonation* vague et molle de la plupart de ses élèves.

Je me refuse à croire qu'il soit impossible d'arriver à s'entendre sur ces points essentiels et vraiment premiers de l'art du chant, comme aussi sur les autres questions d'un ordre plus élevé, telle que la nécessité du rétablissement des études de solfége et de vocalisation dans le programme du Conservatoire. Pourquoi ne pas nommer une commission spéciale pour la réforme de l'enseignement du chant? C'était une commission spéciale qui avait élaboré, discuté, fixé la *Méthode de chant du Conservatoire* au commencement de ce siècle. Et pourquoi ne prendrait-on pas tout simplement pour point de départ la révision de cet excellent manuel classique? Il n'indiquait aucun de ces empirismes violents ou burlesques.

Que pour quelques voix singulièrement posées et timbrées, pour quelques autres faussées par de mauvais commencements d'études, il y ait lieu de chercher, au fur et à mesure et pour chacun des cas pris à part, des régimes exceptionnels, je ne vais pas au contraire; mais c'est de la thérapeutique, cela, c'est de l'orthopédie vocale, de l'orthophonie pour mieux dire. Or, je le redirai en toute occasion, ce n'est pas d'après les exceptions qu'on doit régler l'enseignement. Pour l'immense majorité des larynx, et tout en respectant le timbre et les diverses qualités natives qui feront l'individualité, il n'y a et ne peut y avoir qu'une sorte d'émission naturelle et normale. Une commission spéciale résoudrait le problème.

XI.

Si jamais elle entre en fonctions, je lui recommanderai bien instamment la prononciation, qui est livrée maintenant aux fantaisies les plus pitoyables. Si ce n'était que la fantaisie, encore! mais il y a les doctrinaires de la mauvaise prononciation. Je citerais tels professeurs venus du Midi qui forcent tous leurs élèves, fussent-ils de Paris ou de Lille, à gasconner, assurant que cela est plus brillant. Et ce n'est pas assez des accents toulousain, marseillais, normand, strasbourgeois, breton, flamand, qu'on reconnaît à l'état de nature chez les moins mauvais élèves : il y a des vices de prononciation systématiquement enseignés par certains maîtres, à seule fin de rendre plus sonores certaines syllabes qu'on juge déshéritées; il faut dire, par exemple : *Grand Diô!... mon keir... pâtâ-tra... ç'ata les palmes ummortalles*, etc. Alice s'avance en *tromblon* et Bertram lui dit : *Foat bian!* Éléazar a voué sa vie *onntiérô* au *bônher* de Rachel, et lui chantera tout à l'heure : *Diô m'éclare, — Fulicu chârue, — Pras d'eum pâre — Vians môrer,* etc. Raoul, de son côté, dit à Valentine : *Le dongeu preusse, et le temps vôle, lasse-mouo, la-haisse-mouo, oh! lasse-mouo parterr.*

Ces doctrines s'enseignent surtout oralement, mais elles sont assez fières d'elles-mêmes pour s'imprimer. Je veux citer, par exemple, un petit livre que j'avais trouvé d'un bon sens admirable sur la plupart des points essentiels de l'art du chant, mais qui s'est égaré pour celui-ci : je parle du livre de M. Delprat.

Il a peur que la prononciation fasse tort à la beauté de la voix, et sa conclusion immédiate, c'est qu'il faut sacrifier le texte. L'émission des voyelles *u* et *i* étant déplaisantes, il faut tourner légèrement *u* en *eu*, *i* en *è*. Quant à l'articulation des consonnes, on la rendra plus nette et plus élégante en intercalant de petits *e* muets partout où il y a deux consonnes accouplées. Et l'on nous donne en toutes lettres cet exemple : « Pelaisir du rang superême, ékelat de la guerandeur. » Introduisez ce perfectionnement dans les exemples que j'ai cités plus haut moi-même, et vous aurez un patois décidément inintelligible. M. Delprat ajoute, il est vrai, que cet enjolivement doit être presque insensible, mais il n'est, hélas ! que trop sensible chez bien des artistes de théâtre, et c'est une affectation qu'ils ont contractée auprès de leurs professeurs (1).

---

(1) Nous avons reçu une longue lettre de l'honorable M. Delprat au sujet de ces critiques. Il ne rectifie pas, il persiste. — C'est une « articulation parfaite » qu'il n'a cessé de vouloir, dit-il. L'intention est excellente ; mais ce qu'il conseille, pour le cas des consonnes accouplées, est, à proprement parler, de la désarticulation. — Cela est nécessaire, ajoute-t-il, dans une grande salle. Je n'ignore pas qu'il y a une perspective pour l'oreille comme pour les yeux, et que la diction doit s'accentuer davantage et s'élargir, suivant les proportions architecturales, mais elle peut le faire sans altérations ni intercalations. — Quand la seconde consonne est un *r*, M. Delprat redoute soit un grasseyement, soit un roulement. Le grasseyement est tout à fait condamnable ; quant au roulement, il peut s'exprimer sous les espèces d'une vibration parfaite qui s'acquiert à coup sûr par un bon enseignement. Et je n'appelle pas bon enseignement celui de certains professeurs qui font dire : « Amour sacodé de la patodie » ou qui permettent de prononcer l'air de *Joseph* : « Champs pat*él*anels..... » et dans *le Premier Jour de bonheur* : « J'ai vu s'écoudouler ma fo*l*atune.... » La belle et riche vibration que je veux, c'est celle, par exemple, de Faure dans le chant, de Bressant dans la comédie : or, vous n'y sentirez ni addition ni substitution de lettres. — Ces procédés, dit-on encore, ne sont que provisoires, et par ce détour on arrive mieux à la vérité. On y arriverait aussi par voie directe ; et la preuve que les élèves ne reviennent pas toujours de ces mauvaises prononciations initiales, c'est qu'à chaque instant nous sommes exposés à entendre « Pelus belanche que la belanche herremine... » et cent choses semblables. — Notre honorable correspondant ajoute que Ponchard, — si puriste cependant et passé maître en prosodie musicale, — lui a enseigné ces expédients pour les syllabes à double détente, et que Duprez altérait quelquefois le son de l'*u* et de l'*e* dans certaines phrases. « L'autorité d'un maître tel que Duprez est une loi en musique. » Je ferai simplement observer à M. Delprat qu'il nous avait appris à suspecter cette même infaillibilité dans un long chapitre où il discutait l'émission *sombrée*. Lablache aussi est une autorité, et M. Delprat nous le montre en flagrant délit d'erreur dans la théorie de la respiration. C'est qu'en effet les « autorités »

Il indique les moyens pratiques de donner pleine sonorité aux voyelles réputées les plus ingrates, et il pose en axiome que la bonne prononciation favorise et embellit le chant. Ce qu'il dit de la variété des voyelles, plus grande en français qu'en italien, est indiscutable. Croire qu'une langue est plus belle parce que l'*a*, l'*e* et l'*o* y reviennent constamment, c'est comme si l'on conseillait à la peinture de n'employer que du rouge, du bleu, du jaune et du blanc : autant dire que l'emploi des couleurs composées et des tons mixtes constituait chez le Vinci et le Titien une infériorité devant les peintres-verriers et l'école préraphaélique.

La sonorité toujours claire de la langue italienne est sans doute une chose d'instinct et de climat, puisque la passion des couleurs claires se retrouve aussi dans les costumes nationaux de la péninsule.

Qu'une telle langue soit plus favorable à la vocalisation et à la virtuosité, cela est possible, mais le chant expressif s'accommode mieux d'une variété plus grande de timbres vocaux et d'une intervention plus active de l'élément-consonnes.

Encore un niais préjugé celui qui vient prétendre que les consonnes gênent l'émission vocale ; c'est une erreur à laisser aux chantres de paroisse qui les suppriment pour mieux éructer leurs mugissements inhumains. Elles ne gênent que les maladroits, ceux que la nature n'a pas dotés d'une belle prononciation instinctive et qui n'ont pas remédié à ce déchet par le travail méthodique. Les gens bien doués et les habiles savent bien que la consonne, au lieu d'être un embarras, est comme un ressort dont l'échappement aide à lancer le son en dardant la voyelle. Celle-ci est comme la carnation dans la voix, l'autre est le nerf ; elle apporte la vie active et l'expression.

En allemand, je crois qu'il y a décidément un peu trop de consonnes. (Ne serait-ce pas pour cela que le génie germanique s'est plus volontiers reporté vers la symphonie ; que deux de leurs grands musiciens de théâtre, Handel et Mozart, ont préféré les livrets italiens ; que deux autres, Gluck et Meyerbeer, ont préféré travailler pour la scène française, et que même dans les opéras de Weber, le sentiment de la nature et le fantastique exprimés par l'orchestre prédominent sur l'élément humain ? D'ailleurs, tout ce qu'il y a de musique de chant en allemand est fortement expressif et rejette la virtuosité encore plus absolument que le chant français : ce qui confirme notre idée.) — D'autres langues, comme la plupart de celles de l'Orient, par exemple, ont trop peu de consonnes : langues mélodieuses, mais molles, propres à la rêverie tout au plus, naïves en somme.

Dans l'italien et le français, le double élément est en belles proportions, mais non à même dose : à cette différence toute matérielle correspondent très-logiquement, suivant moi, les différences esthétiques.

D'un côté, le plaisir de la virtuosité, avec des moyens peu nombreux, mais tous brillants ; un art tantôt insouciant, tantôt bien senti, *ben cordato*, mais seulement pour trois ou quatre sentiments très-simples et, si je puis dire, bien en dehors et toujours les mêmes.

D'autre part, c'est l'expression musicale dont on n'a cessé de se préoccuper, et l'on prétend tout rendre, jusqu'aux contrastes les plus complexes, jusqu'aux moindres nuancements de l'âme humaine. Or, pour ce faire, on possède un idiome, moins facile et moins brillant partout sans doute, mais plus fort d'ossature, plus nerveux, plus varié de ressources. Pour que Gluck et Meyerbeer, génies mâles, à l'expression dramatique, l'aient formellement préféré à l'italien, il faut bien qu'il ait ses vertus propres.

Mais par cela même que le français est un idiome plus complexe, il s'ensuit que les prononciations parfaites sont plus rares chez nous qu'en Italie ; il s'ensuit aussi que l'éducation doit s'en préoccuper un peu, surtout lorsqu'il s'agit de former des orateurs, des chanteurs et des comédiens. Pour ce qui est du chant, la plupart des méthodes sont muettes au sujet de la prononciation, ou n'en parlent que par manière d'acquit. Et il faut bien croire que les maîtres en renom n'en font pas une grande affaire, puisqu'on leur connaît des élèves, devenus des artistes célèbres et richement rentés, qui n'articulent pas un traître mot d'une manière intelligible. Or comme, malgré tout, l'instinct des Français est pour la musique expressive, nous avons à chaque instant le spectacle de malheureux artistes qui s'épuisent en efforts pour nous faire part de choses très-ingénieuses et très-passionnées sans doute... mais dans un idiome inconnu, iroquois, insaisissable.

Pour ma part je n'admets pas qu'on enseigne toutes ces falsifications dans une grande école publique ; la liberté laissée aux professeurs officiels ne peut aller jusque-là. Il faut poser en principe que le beau chant se conciliera avec la prononciation vraie. Les plus grands artistes ont prouvé que cela était possible : citons, dans le passé, les deux Nourrit, Levasseur, Duprez, Ponchard (sauf les réserves énoncées plus haut), Roger,

Mme Branchu, Mlle Falcon, Mme Cinti-Damoreau, et dans le présent, Faure et Mme Carvalho, par exemple, qu'on peut aller entendre dans les récits d'*Hamlet* et de *Faust*.

Veut-on avoir une ou deux classes de chant italien au Conservatoire? j'y souscris; mais que dans les six autres on enseigne le chant français ! et la première condition pour le bien enseigner n'est-elle pas de croire qu'il lui est permis d'être français?

J'ai développé sans scrupule ce côté de la question que je crois capital. Sans prononciation, pas de chant expressif; or c'est en ce sens que le génie français s'est toujours orienté et que nous espérons le voir prendre un essor de plus en plus hardi. Au moins faut-il que l'outillage et le mécanisme du chant n'y fassent pas obstacle.

XII.

C'est durant la première année, concurremment avec les exercices d'émission vocale et de diction, que seraient commencées et vivement poussées les études de solfége. Ainsi que nous l'avons indiqué déjà, elles devraient se faire à mi-voix ou sans donner de voix, plutôt pour l'éducation mentale que pour l'éducation vocale, cette dernière n'étant qu'à peine ébauchée et ne pouvant être menée que lentement, sous peine de tout brouiller, et de fatiguer l'organe encore délicat, mal assoupli. C'est seulement à la fin de la seconde année qu'on se permettrait l'exécution à pleine voix des exercices supérieurs du solfége, lesquels se confondent, en réalité, avec les dernières leçons de vocalisation et les premières leçons de style.

Ce mot que je viens d'écrire me rappelle un point de vue très-important. Les *classes de style* proprement dites, celles où l'on s'exercera sur les modèles des différents styles italien, allemand et français, ces classes appartiennent en effet à l'enseignement supérieur, et se placent, suivant nous, entre les études de vocalisation et les études de chant dramatique, de chant joué, mis en scène, mais je n'entends pas dire que toute l'éducation antérieure puisse se passer de style. J'ai déjà cité un passage de la préface générale des *Méthodes du Conservatoire* qui témoignait de la sollicitude des premiers organisateurs de l'école à cet égard. C'est en leur nom que je rappelle ici ce principe trop oublié : que des premiers éléments dépend toute l'éducation. Il n'est pas indifférent d'apprendre même à lire,

besoin de savoir lire, il leur suffira de se faire *seriner* (c'est le mot du métier) par un piano, par un violon. Il est en vérité fort heureux que ce préjugé de l'inutilité du solfége ne se propage pas dans le monde des instrumentistes, car on ne saurait plus alors sur qui se rejeter pour être ignare tout à son aise. Notez qu'il y a encore quelques pianistes qui ne savent que très-mal déchiffrer et qui ne jouent que de routine : il est vrai qu'ils en ont honte, qu'ils s'en cachent, tandis qu'au siècle dernier l'école instrumentale française prétendait avoir raison de ne pas s'exercer à la lecture et de s'ingénier à triompher sur trois ou quatre « pièces » favorites, étudiées et répétées par cœur ; nos instrumentistes sont revenus de cette ânerie systématique, mi-partie de fatuité et de paresse, qui bornait pour eux tout l'art à un certain nombre de mesures de musique.

Pendant qu'on y est, il faudrait être logique, et poser en principe qu'on pourra être admis aux classes de tragédie et de comédie sans savoir lire ni écrire : car enfin un comédien, bien servi par l'instinct et la vocation naturelle, pourrait au besoin tenir ses rôles de la bouche d'un enfant de l'école mutuelle, ou, plus simplement, du souffleur de son théâtre, qui viendrait à domicile lui rendre les mêmes services que le virtuose ignorant réclame d'un pauvre accompagnateur ou d'un modeste râcleur de violon. Il a toutefois été convenu que le comédien ferait mieux, d'apprendre à lire en vue d'une profession littéraire ; et peut-être viendra-t-il un temps où tous les chanteurs comprendront qu'il vaut mieux, pour leur travail personnel aussi bien que pour les études d'ensemble, savoir lire pareillement la langue dont ils doivent se servir toute leur vie.

On croit faire merveille en faveur de l'ignorantisme des virtuoses, en citant des artistes fameux qui n'avaient pas appris le solfége. Décomptons d'abord ceux qui, ne l'ayant pas étudié dans une école, en ont reconnu plus tard la nécessité et ont péniblement acquis, à vingt-cinq ou trente ans, ce que les enfants acquièrent en se jouant. Les personnes intelligentes qui réparent dans l'âge mûr l'insuffisance de l'éducation première, en maudissant les circonstances ou l'incurie de leurs parents, rendent hommage au principe. Il ne faut citer que les chanteurs qui, arrivés à la réputation, se sont obstinés à être mauvais lecteurs. Y en eût-il en effet quelques-uns, l'argument n'en serait pas meilleur : d'abord, il ne serait toujours pas prouvé que ces artistes fameux n'ont pas été une cause fréquente d'embarras au théâtre et n'obligeaient pas tout le reste de la troupe à des répétitions supplémentaires, afin de bien s'inculquer à loisir leurs rôles. Et quand même il serait établi qu'ils avaient un merveilleux instinct pour attraper au vol ce que d'autres n'obtiennent que par le travail consciencieux, n'est-il pas absurde de conclure de cette immunité de quelques natures exceptionnelles à la suppression de l'enseignement primaire de la musique pour les autres?

Cet argument des grands chanteurs non musiciens a encore trouvé quelqu'un pour le ressasser à l'une des séances de la commission du Conservatoire : il y fut aussitôt répliqué par un homme de bon sens dont je regrette de ne pas savoir le nom (l'indiscrétion du nouvelliste n'avait oublié que ce point) :

— « Eh ! que nous parlez-vous d'organisations exceptionnelles? Pascal, qui n'avait jamais ouvert un livre de géométrie à quinze ans, devina pourtant cette science : est-ce à dire pour cela qu'on ne doit pas enseigner la géométrie aux enfants ? » Et d'autre part est-il bien authentique que Blaise Pascal, fils d'un homme riche et savant, fût à ce point dénué d'instruction première? Il donna en effet des signes étonnants de vocation scientifique, et cela bien avant quinze ans, dès l'enfance; mais ces dons de nature furent aussitôt régularisés, fécondés, décuplés par l'instruction la plus sérieuse; autrement, il eût risqué de servir de pendant à ce fameux petit pâtre qui étonna l'Académie des sciences par sa facilité à calculer de tête, mais qui, faute de culture régulière, resta toujours à l'état de curiosité, de phénomène inutile.

Il faudrait en finir aussi avec cette vieille anecdote récemment remise sur le tapis : Voltaire accusé de faire des fautes d'orthographe et défendu par cette boutade de Rivarol : « Eh bien ! c'est tant pis pour l'orthographe ! » Il est impossible de mettre plus d'esprit dans le fétichisme ; mais d'ailleurs où prend-on que Voltaire ne sût pas l'orthographe ? Il la savait si bien qu'il la raisonnait et qu'il proposa plusieurs simplifications et réformes aussitôt adoptées. Ce fut sans doute à propos d'une de ces innovations légitimes qu'il fut repris d'ignorance par quelque vieux scolare.

Autre *ana* tout semblable, mais musical celui-ci, et qui nous ramène expressément à notre sujet. Un croque-notes ayant rappelé devant Grétry, et non sans quelque dédain, que Garat ne savait pas la musique : « C'est possible, riposta Grétry, mais il est la musique même. »

Garat ignorait-il en effet la musique? En tout cas, il était du nombre

Il n'est pas un seul des éléments essentiels de l'art du chant qui ne se puisse supprimer de l'éducation, sous ce beau prétexte qu'on en a dispensé tel chanteur illustre, admirablement doué pour le reste. On en a vu qui, à force de style et d'âme, se faisaient pardonner une voix trop faible ou d'étoffe désagréable : donc la voix ne serait pas indispensable au chanteur ?— Nous venons de voir qu'il serait bien sot d'apprendre la musique, puisque les compositeurs dont il doit interpréter les ouvrages lui en font grâce. — D'autre part, on a connu des chanteurs expressifs qui excellaient avec une voix mal assouplie, par la sincérité seule de l'accent : cela se peut à la rigueur dans la déclamation de Gluck, et l'Opéra-Comique a possédé souvent des chanteurs qui se faisaient adorer rien qu'en *disant* la musique : va-t-on en conclure que le travail de vocalisation est inutile?—D'autres, au contraire, les virtuoses proprement dits, ont fait « fanatisme » sans prononcer distinctement un mot, sans se préoccuper ni du texte, ni du caractère des personnages, ni des situations scéniques : il leur suffisait de venir gazouiller au bord de la rampe, sans un geste, sans un mouvement de physionomie, sans une intention intelligente : alors nous pouvons aussi supprimer les études de style expressif et de chant scénique? — Soit! maintenant voyons ce qu'il reste au programme de l'éducation du chanteur? Rien! Rien n'est indispensable. Il n'y a plus qu'à fermer l'école. La culture est un préjugé, laissons tout en friche, et nous aurons de belles moissons dans le champ de l'art!

XIII.

La vocalisation étant, de toutes les parties essentielles de l'art du chant, celle qu'on a le plus abandonnée depuis trente ans au Conservatoire de Paris, en tant qu'étude régulière, il est tout naturel que les réclamations aient particulièrement porté sur ce point dans les dernières discussions.

Je commence par dire qu'il en est de la vocalisation absolument comme de tous les autres éléments constitutifs de l'art du chant : il s'est trouvé des professeurs pour en décréter l'inutilité, voire même le péril, pour décider qu'il n'était pas bon d'assouplir ainsi la voix, ou du moins toutes les voix. Suivant eux, le travail de la vocalisation ferait perdre en force ce qu'il procure en agilité.

« Le professeur chargé de l'éducation d'une voix puissante lui apprend

« loyalement ce que les Italiens appellent *l'urlo francese* (1). Mais quant
« à la grâce, quant à la souplesse et à l'agilité (qui, pour n'être que les
« mérites secondaires de la voix, n'en sont pas moins d'une utilité indis-
« pensable), il n'y faut pas songer. Si vous en parlez au sujet lui-même,
« il vous répond, en se rengorgeant dans sa cravate, que les voix aussi
« fortes que la sienne dédaignent de semblables effets ; ou si, par hasard,
« il a de la modestie, ce qui est beaucoup plus chanceux, il vous apprend
« que les organes doués d'une certaine énergie ne peuvent se plier à de
« semblables études. »

C'est l'avis franchement déclaré de professeurs bien connus, tels que M. Rubini (je parle de M. Rubini, professeur aujourd'hui vivant, et non du grand chanteur qui savait unir la virtuosité la plus accomplie à la puissance). C'est aussi l'avis de Duprez, non pour les voix de femmes ou pour les voix légères de l'autre sexe, mais pour les voix de forts ténors, de barytons sérieux et de basses profondes.

D'autres maîtres — et c'est du côté de ceux-ci que je vois la vérité — maintiennent que la souplesse, loin de nuire à l'énergie, en est une des meilleures conditions. Cela est vrai de la force musculaire, et cela ne peut l'être moins de l'organisme vocal. Les vocalises risquent de fatiguer, de ruiner la voix quand elle est mal posée ; mais lorsqu'on a commencé l'éducation par le premier travail d'émission et d'assouplissement normal, le chanteur peut vocaliser sans fatigue, non-seulement à demi-voix, mais en pleine force.

Bien que cette façon de former les chanteurs soit tombée depuis longtemps

---

(1) Stéphen de la Madelaine, à qui j'emprunte cette citation, aurait pu ajouter que l'expression de *urlo francese*, mise en circulation au dernier siècle et très-juste alors, n'a plus aucun sens en italien depuis quelque trente ou quarante ans, par la simple raison qu'on *hurle le chant* infiniment plus de l'autre côté des Alpes qu'en deçà. Je ne parle pas, bien entendu, des artistes des troupes italiennes qui courent le monde et qui représentent plutôt un certain goût cosmopolite, international, que le goût italien d'aujourd'hui ; je parle des artistes coutumiers des théâtres de la Péninsule même. Ce changement dans les habitudes des *virtuosi* tient à deux raisons impérieuses, que j'ai pu apprécier *de visu et auditu* en de récents voyages à Florence, Turin, Milan : 1° l'intrusion extravagante des instruments de cuivre dans l'orchestre dramatique (sans parler de la suraddition fréquente d'une bande militaire sur la scène, soutenant ou plutôt écrasant les morceaux d'ensemble vocal) ; 2° la manie toujours croissante chez le public italien de parler tout haut durant la représentation. Ne faut-il pas bien que les chanteurs crient tout le temps, et jusqu'aux romances d'amour, au milieu de ce brouhaha comparable à celui de la Bourse entre deux et trois heures ! A plus forte raison ont-ils le droit de crier, quand ils se sentent pris entre deux bordées d'instruments de cuivre.

en désuétude, quelques artistes ont pu encore montrer aux dilettante contemporains ce qu'un trait exécuté à pleine voix ajoute parfois d'énergie réelle au pathétique : certaines vocalises de création originale, enroulées autour des notes essentielles de la teneur mélodique, sont moins un ornement qu'un adjuvant à l'expression. Et notez en passant cette inconséquence : les farouches doctrinaires qui ne veulent voir de vérité en fait de chant que dans la déclamation stricte et nue, admirent sans réserve dans la musique instrumentale l'expressivité de ces mêmes richesses du style mélodique.

Les chanteurs étrangers à la vocalise sont obligés de se récuser pour les opéras écrits dans ce style sérieux et riche tout à la fois ; ou, s'ils s'en chargent, il leur faut ralentir les rhythmes originels, rêvés par le génie des maîtres.

D'autre part, grâce à la suppression prolongée des études spéciales de vocalisation dans le programme de l'enseignement parisien, il s'est établi un malentendu avec lequel il serait temps d'en finir : trop de gens confondent les *vocalises* particulières qui servent à enjoliver la mélodie et n'y sont qu'un incident plus ou moins opportun, avec la *vocalisation* qui est une méthode, un régime d'études, une gymnastique normale. Or, cette gymnastique est aussi indispensable à l'éducation des chanteurs sérieux (sinon plus indispensable encore) qu'à l'éducation des autres : leur voix se brisera vite dans les efforts de la déclamation, si elle n'a reçu d'abord cet assouplissement, cette élasticité qui doivent amortir pour les muscles du larynx la courbature résultant de ces efforts réitérés, et si d'abord elle ne s'est étudiée aux bons principes élémentaires d'émission qui font rendre à l'organe la plus grande sonorité possible avec le moindre effort. C'est également le chanteur sérieux qui a le plus besoin de savoir lier ou détacher les notes, d'en varier l'attaque et d'en nuancer la tenue en vue de l'expression. Eh bien ! tout cela c'est de la vocalisation.

La vocalisation commence au son filé pour ne finir qu'à ces vocalises rapides, difficiles à plaisir, qui rejoignent les études de style. Je ne fais pas ici un manuel de chant, et n'ai pas à énumérer toutes les parties de l'art de la vocalisation, mais elles sont multiples dans leur savante gradation, puisque les anciens règlements du Conservatoire les distribuaient en deux années. On pourrait dire que c'est tout l'art du chant, — abstraction faite des textes littéraires et des effets d'expression qui s'en inspirent.

l'effet de l'éducation courante, c'est que, malgré ces exceptions illustres, l'école italienne n'a jamais cessé de se définir dans le sens de la virtuosité inexpressive : c'est là, sauf exceptions, ce qui la caractérise en général ; il est de notoriété internationale que l'opéra italien est un concert plutôt qu'un spectacle dramatique. Et c'est la faute de la « page ; » c'est la faute de cette prévention trop exclusive des maîtres italiens du XVIIIe siècle en faveur de la vocalisation.

Qu'est-il arrivé ? c'est que ces merveilleux vocalistes firent loi au théâtre.

Le public est bon enfant ; si ce qu'on lui offre est admirable en soi, il le prend de bonne foi, il s'en accommode, et certains côtés de l'art, oubliés une fois, le sont pour longtemps. Les vocalistes étant devenus *divi* et *dive* au théâtre, les *maestri* n'y furent plus maîtres ; expressifs au XVIIe siècle, ils n'eurent plus le droit de l'être au XVIIIe : les *virtuosi* exigeaient de la *virtuosité*. Porpora était entraîné à tourner par là le drame lyrique ; à qui la faute ? à la « page de Porpora. » Et pourquoi Mozart fut-il obligé d'écrire ce dernier air de donna Anna, qui fait l'effet d'un panache pompeux implanté dans un tableau de Raphaël ? peut-être avait-il aussi écrit une « page » pour cette *prima donna assoluta*, peut-être lui soutenait-elle qu'il n'y avait « rien pour elle » dans le rôle de donna Anna, que le premier trio et l'air : *Or sai chi l'onore*...ne comptaient pas ; et peut-être n'aurait-il pas eu de bons virtuoses pour créer les rôles d'Ottavio, de Leporello, d'Anna, d'Elvire et de Zerline, s'il n'avait consenti à surajouter pour eux un dernier finale de facture brillante (aujourd'hui supprimé) après la mort de don Juan. Un compositeur, résolu à faire de la musique expressive, comme Gluck, était obligé de renoncer à l'opéra italien ainsi desservi.

Meyerbeer, plus tard, devait faire de même, ainsi que Rossini. Consultez le biographe le plus enthousiaste de ce dernier, ouvrez la vie de Rossini au chapitre où il nous donne les raisons qui déterminèrent le maître à s'expatrier, lui qui avait donné le dernier mot, la suprême expression de la virtuosité nationale : il était las précisément d'être condamné à cette virtuosité trop souvent inexpressive, anti-dramatique. Et cette conviction fut si forte en lui, que lorsqu'il retourna plus tard en Italie et se chargea du lycée musical de Bologne, il y établit et dirigea lui-même des *exercices hebdomadaires* où les élèves exécutaient de grands fragments d'opéras et d'oratorios (1). Nous voilà loin de « la page, » n'est-ce pas ?

Il faut donc qu'il soit bien entendu que la vocalisation est une des parties les plus importantes de l'art du chant, mais qu'elle n'est pas tout le chant. Dans cet ensemble logique de l'éducation, il est à peu près aussi dangereux d'exagérer l'importance d'un des éléments essentiels que de l'omettre.

Je sais bien que ce contresens où était tombée l'école italienne est moins à redouter pour l'école française, qui, depuis deux siècles, n'a cessé de se prononcer énergiquement pour la musique expressive; et comme, en cette dernière période, la vocalisation a été négligée à un point absurde et funeste dans l'enseignement, il ne nous déplaît pas qu'on exagère en sa faveur dans les plaidoyers d'aujourd'hui ; toutefois, nous avons cru nécessaire d'indiquer les justes proportions de chaque chose en cet exposé théorique.

Les classes élémentaires et les classes supérieures de vocalisation embrassent, suivant nous, deux années ; mais un chanteur qui se destine au théâtre ne saurait se dispenser de passer ensuite aux études régulières du style expressif et du chant scénique; et, dès les deux premières an-

---

(1) Je ne trouve rien de semblable dans le passage souvent cité de l'*Historia musica* de Bontempi sur les anciens Conservatoires d'Italie.

« Les écoles de Rome, dit Bontempi, obligeaient les élèves à prendre une heure sur chaque jour et à l'employer à chanter des passages difficiles, afin d'acquérir de l'expérience ; une autre heure à l'exercice du trille, une autre aux traits d'agilité, une autre à l'étude des Lettres, une autre aux vocalises et divers exercices de chant sous la direction d'un maître et... devant un miroir, afin d'acquérir la certitude qu'on ne faisait aucun mouvement vicieux des muscles du visage, du front, des yeux et de la bouche. Tout cela composait l'emploi de la matinée ; l'après-midi, l'on consacrait une demi-heure à l'étude de la théorie, une autre demi-heure au contre-point sur le plain-chant, une heure à recevoir et mettre en pratique les règles de la composition, une autre à l'étude des Lettres, et le reste du jour à l'exercice du clavecin, à la composition de quelque psaume, motet, *canzonnetta* ou de tout autre genre de pièces, suivant les idées de l'élève. »

Je vois là d'excellents éléments d'éducation ; mais il en est d'autres essentiels au chanteur *dramatique* qui n'y sont pas même indiqués.

Et c'est ici le moment de remercier notre excellent confrère M. de Lauzières (Ralph, de l'*Art musical*), qui a cité en termes si aimables ce passage de notre travail. Il a raison de faire observer que l'opéra italien, dans sa dernière période personnifiée par Verdi, a cessé de sacrifier le sentiment dramatique à la virtuosité, et que l'école actuelle du chant en est précisément au même point là-bas que chez nous : les études régulières de vocalisation sont dédaignées, et l'on se jette d'emblée à l'étude des rôles, au hasard de la routine et de l'instinct. Aussi n'ai-je jamais oublié de marquer que je parlais de l'ancienne école italienne, de celle qu'on nous cite à chaque instant, et très-justement à certains égards, dans les discussions relatives à l'enseignement du chant. Sur tout cela nous sommes pleinement d'accord.

nées, il doit s'être occupé de la prononciation et de la diction, comme aussi des éléments de l'art du geste, du maintien et du jeu scénique, toutes choses qui vont trouver leur application dans les classes du troisième degré.

XIV.

Au cours de la publication de nos articles, les débats de la Commission du Conservatoire avaient abouti à quelques décisions importantes: décisions qui n'ont pas force de loi, puisque la Commission n'est que consultative, mais dont il est indubitable qu'il sera tenu compte.

Nous avons maintenant tout espoir de voir rétablir dans la réalité ce qui depuis longtemps n'était plus que lettre morte dans les anciens règlements: à savoir les trois degrés de l'enseignement du chant, séparés les uns des autres par des examens. Mais si l'on veut que ces délimitations soient sérieuses, il faut qu'une sous-commission ou une autre commission spéciale s'applique à définir nettement les matières d'enseignement exclusivement propres à tel et tel degré, comme aussi à déterminer en rubriques formelles la nature des questions pour les examens qui mènent d'un degré à l'autre. Si l'on s'en tient à quelques phrases générales introduites dans le nouveau règlement, en manière de vœu, de *postulatum* en l'air, rien de fait ! Les professeurs diront qu'on ne sait pas au juste ce que veut le règlement, qu'ils le respectent infiniment, mais ne le trouvent pas pratique (et il ne le serait pas en effet), que les choses ne peuvent être autrement qu'elles ne sont.... et l'empirisme actuel poursuivrait son train coutumier.

Les autorités les plus diverses et les plus considérables ne nous manqueraient pas pour appuyer cette idée redevenue nouvelle de la parfaite division et graduation des études. Je ne citerai qu'un seul maître, précisément à cause du renom d'insouciance qui s'est attaché à sa mémoire: Rossini, lorsqu'après *Guillaume-Tell* il se fut fait directeur de conservatoire à Bologne, Rossini posait en dogme que les élèves des classes de vocalisation ne devaient pas chanter une seule note en dehors des exercices gradués par lui avec toute la prudence et l'efficacité possibles, sachant bien que si toutes les études fondamentales ne sont pas suivies patiemment et d'une manière logique, le style et l'expression même en souffriront plus tard. Il ne mettait pas la rhétorique musicale avant la syntaxe et la grammaire, et c'est ainsi qu'il dirigea la belle voix de l'Alboni.

scepticisme qui s'est attaqué à toutes les autres classes essentielles. Nous avons vu que les exercices d'émission étaient inutiles, parce qu'une belle voix est ce qu'elle est, dure ce qu'elle dure ; nous avons vu certains compositeurs dispensant les chanteurs de savoir lire ; nous avons vu que la vocalisation ruine certaines voix, etc., etc. Donc il était fatal qu'il se trouvât des docteurs pour enseigner que le style ne s'enseigne pas. De fait, il y a beaucoup de manuels très-compétents sur certaines parties de l'art du chant qui, arrivés à ce mot de style, s'arrêtent court, et disent que c'est affaire au chanteur lui-même ; le professeur s'en lave les mains.

Le savant M. Fétis est bien le dernier que j'eusse attendu à cette hérésie traditionnelle, mais il y vient aussi dans sa *Méthode des Méthodes de chant*, si remarquable à tant d'égards. Il rapporte, avec une admiration sans mélange, les pratiques de l'ancienne école italienne : « Quant à l'accent, *au style*, au phrasé, au choix des ornements, le professeur abandonnait l'élève à son génie pour toutes ces choses qui sont le produit de l'organisation individuelle. De là vint qu'après une éducation longue et toute systématique, les grands chanteurs avaient conservé une manière originale et propre, et que chacun se faisait remarquer par un style particulier. »

A ce compte l'enseignement régulier serait attentatoire à l'originalité individuelle de l'artiste? Et M. Fétis partagerait les préventions qui circulent à ce propos? J'aurais juré qu'il soutiendrait, comme moi, que les études régulières développent toutes les originalités légitimes.

En ce qui touche le chant, l'histoire de l'ancienne école italienne vient-elle, en effet, me démentir? Non : ces styles particuliers qui distinguaient les chanteurs illustres n'étaient que des manières différentes de *virtuosité* ; autrement dit, ils ne furent, en général, originaux et divers que dans la partie de leur art qu'on leur avait le plus systématiquement enseignée, dans les effets qui relevaient de l'art de la vocalisation.

C'était l'école de Gluck qui avait alors les principaux mérites du style expressif, et sauf exceptions très-accidentelles et très-individuelles, les effets d'expression, d'accent, n'étaient pas l'affaire de l'ancienne école italienne.

Ces merveilleux virtuoses n'avaient pas tant émerveillé Gluck, puisqu'il leur préféra nos chanteurs, en vue de la musique qu'il rêvait d'écrire. Ajoutons qu'il n'y avait alors en Italie qu'un style, lequel étant pour les *virtuosi* comme une atmosphère ambiante où ils vivaient, n'avait pas besoin de leur être expressément enseigné. Aujourd'hui, grâce à l'éclectisme du goût qui nous permet d'admirer comparativement les maîtres de divers pays et de diverses époques, un chanteur qui ne serait bon qu'à l'exécution d'un seul style nous paraîtrait bien dénué; quant à chanter *indifféremment* les différents maîtres avec un seul et même style quelconque, cela est encore moins admissible en principe (quoique ce soit, hélas! trop souvent admis en réalité). Or cette science et ce goût des styles sont chose assez délicate et assez complexe, pour ne pas être ainsi renvoyés d'un revers de main à l'instinct personnel du chanteur, aux petits bonheurs de l'inspiration quotidienne, à la grâce de Dieu!...

Quelques artistes ont en effet l'intuition des diverses musiques ou bien y arrivent par l'effort de l'intelligence et du travail; mais, nous ne cesserons de le répéter, ce n'est pas aux natures exceptionnelles à faire règle pour l'enseignement.

Et de même que les divers styles du clavecin et du piano ont été utilement analysés, classés et commentés par d'excellents maîtres comme M. Amédée Méreaux, Mme Farrenc, M. Marmontel, on finira bien par admettre que les styles font également question pour l'enseignement du chant.

N'y a-t-il pas eu commencement d'exécution de la part de Mme Viardot, de Duprez, pour fonder cette partie régulière des études?.....

Je pousse le scrupule à ce point que peu d'artistes d'aujourd'hui me sembleraient assez érudits et assez diversement inspirés pour enseigner les divers styles : je me fierais absolument à Mme Alboni et à Delle Sedie pour commenter Cimarosa et Rossini, à Fraschini pour Verdi, mais je prendrais congé d'eux pour ce qui est de Weber, de Beethoven, de Schubert, et préférerais m'adresser à Stockhausen et à Mlle Krauss.

Nous sommes donc loin de compte avec les maîtres vocalistes, et nous nous étonnons d'avoir à inscrire parmi eux M. Fétis qui donne bravement quarante lignes au chapitre de l'exécution du style, après avoir donné près de cent pages à la vocalisation et à la virtuosité inexpressive. « Qu'est-« ce que le style? mon Dieu! Je ne saurais dire; c'est quelque chose qui « heureusement n'a point de nom (?), de formes déterminées (?).... » Les formes en sont au contraire si bien déterminées, que pas un connaisseur n'hésite à distinguer un morceau de chant qui a du style de ceux qui

ornements à la dernière mode du mauvais goût italien ou parisien......

Autre point de vue : pour enseigner le style, peut-être serait-il expédient de choisir des morceaux qui n'en fussent pas dénués, et du consentement de tout le monde il se glisse un trop grand nombre de ceux-ci dans le répertoire des concours. Personne n'a l'air de s'apercevoir — tant le désordre et l'illogisme sont là chez eux — que le chant et la comédie prennent le contrepied l'un de l'autre. Dans les classes et les concours de déclamation pas une seule scène d'auteur vivant ; rien d'Émile Augier, de Georges Sand, de Victor Hugo... Plutôt l'*Intrigue épistolaire!* plutôt les écrivains de cinquième ordre d'autrefois ! Dans les classes et les concours de chant au contraire, rien n'est trop nouveau ! Je ne puis me rappeler sans rire qu'il y a cinq ou six ans on nous servit, au concours d'opéra comique, une scène du *Café du Roi!* La musique de M. Deffès ne me déplaît pas au théâtre, mais c'est un peu tôt la proclamer classique. De là à cette gentille partitionnette de la *Chanson de Fortunio* il n'y a pas bien loin, et si l'on commençait à prendre de l'Offenbach....

Sérieusement, il faudrait songer à mettre dans les mains des élèves un peu plus de cette musique qui a droit au nom de classique, et si les professeurs spéciaux n'ont pas ce genre de tact, leur imposer un certain répertoire de morceaux et de scènes. Ne serait-ce pas au comité du Conservatoire à faire, une fois pour toutes, ce répertoire? Il serait sans doute moins mêlé comme goût, et, j'espère aussi, plus considérable et plus varié. Lorsqu'on voit revenir constamment les mêmes morceaux d'étude et de concours, on se demande si par hasard les professeurs ignorent qu'il en existe d'autres tout aussi excellents pour cet objet, sinon meilleurs parfois. Peut-être y a-t-il aussi un peu de paresse, les maîtres étant obligés de faire une étude plus spéciale et plus approfondie des fragments sur lesquels ils feront travailler leurs élèves.

J'oserais dire enfin que le répertoire des morceaux d'études devrait être exclusivement choisi dans les œuvres des maîtres morts. Ce n'est pas une appréciation critique que je fais, c'est un conseil pratique que je hasarde. Je sais que dès aujourd'hui M. Gounod est plus classique qu'Adolphe Adam, que Berton, mais du moment qu'on admet les œuvres d'auteurs vivants, il est impossible qu'on ne soit pas induit de proche en proche à bien des condescendances. En conscience, quelle force pourraient trouver MM. Ambroise Thomas, Reber et Bazin pour exclure la musique de tels de leurs confrères et amis?

périlleux au début, autant ce serait salutaire pendant les six derniers mois. Il ne faut pas que le jeune artiste travaille jusqu'au dernier moment à la lisière, au guide-âne.

Outre les airs qu'il étudie suivant les indications du maître, on lui demanderait de trouver tout seul le meilleur modelé vocal et la meilleure expression d'un morceau. Pour les premières fois ce genre de travail serait encore surveillé de très-près par le professeur, et puis graduellement la part d'initiative serait laissée plus large à l'élève.

Ce que je craindrais le plus, ce ne serait pas l'impuissance ou l'inertie des élèves (rien ne les passionnerait davantage), ce serait plutôt l'arbitraire des professeurs, qui, ayant élaboré minutieusement l'interprétation d'un air, voudraient imposer à tous leur manière, sans tenir compte des tempéraments divers.

C'est un théorème bien délicat à formuler et pourtant incontestable qu'il y a diverses nuances également admissibles et conciliables avec la vérité, dans l'exécution d'un morceau. Tel endroit de *Guillaume-Tell* était différemment compris par Nourrit et par Duprez, tous deux admirables, et chacun à sa façon. Je vais plus loin : il faut admettre qu'un même artiste essayera tantôt un effet et tantôt un autre, sans être accusé pour cela de contre-sens.

Dans les concours de sortie, entre le manuscrit à déchiffrer à première vue et l'air étudié à loisir avec le professeur, on distribuerait à tous les concurrents, un morceau qu'ils auraient à travailler tout seuls en loge pendant une demi-heure environ, pour éprouver leur facultés d'initiative.

Dans les classes d'opéra et d'opéra-comique dont nous allons parler tout à l'heure, on pourrait de même confier à un élève une scène ou un rôle à préparer d'après sa propre inspiration.

Je donne cette idée pour ce qu'elle vaut; ceux qu'elle n'aura pas séduits n'ont qu'à la considérer comme une longue parenthèse.

XVI.

De même que les études du style, si expressif qu'il soit, doivent se faire au coin du piano, les études du chant scénique devraient toujours se faire sur le théâtre de l'école. De plus, dans le second trimestre de l'année scolaire, on devrait multiplier pour les élèves de ce degré les exercices d'ensemble avec orchestre. Les élèves des classes instrumentales — qui auraient de leur côté des études d'ensemble, des exercices de musique de chambre et de symphonie — se joindraient aux élèves du chant, d'abord pour des concerts mixtes, semblables à ceux que Rossini avait établis à l'école de Bologne, et puis pour les exercices dramatiques. Et ce ne seraient pas les jeunes symphonistes qui causeraient jamais le moindre embarras dans l'ensemble, car les classes instrumentales sont assez fortes aujourd'hui.

Est-ce une utopie? Nullement, ces exercices publics d'ensemble ont fonctionné à souhait au Conservatoire ; il y a quarante et cinquante ans ils étaient très-brillants ; et ce fut même là que Habeneck prit l'idée et les premiers éléments de la Société des Concerts ; mais, concurremment à cette Société formée par les maîtres entre eux, la jeune société des élèves poursuivait ses études et ses séances ; quant aux exercices d'opéra et d'opéra-comique, ils étaient réglementaires.

Ajoutons qu'ils n'ont jamais cessé de l'être, et que le dernier règlement, que nous avons montré si favorable en tous ses termes à l'énervement et au relâchement de l'ancienne discipline, le dernier règlement spécifie au moins six exercices lyriques et dramatiques chaque année. Or, la dernière fois qu'il s'en fit un, c'était (j'en ai gardé le programme comme une relique d'un autre âge) le 10 juillet 1862.

Je m'expliquais très-bien que M. Auber n'eût conservé nette et formelle que cette prescription spéciale des anciens règlements ; mais on était en droit, et par la même raison, de s'étonner qu'il y renonçât. Un mot d'explication : Auber avait surtout la réputation d'un sceptique charmant, facile à vivre, courtois au point de ne vouloir morigéner aucun professeur et de laisser chacun maître en sa classe, de trop bon ton d'ailleurs et de trop bon caractère pour se fâcher jamais, et prenant tout doucement le monde... et l'enseignement comme ils sont. Il y avait un peu de cela, sans doute, mais qu'on ne s'y trompe pas ! Auber était un doctrinaire à sa façon ; et sa doctrine n'était pas un mystère : s'il ne la professait pas *ex cathedra*, il l'exprimait volontiers dans les conversations, par boutades. Il était intimement persuadé qu'il n'y a qu'une éducation efficace, à savoir la pratique ; qu'un seul bon professeur pour l'artiste, à savoir le public....

Aussi était-il conséquent avec lui-même lorsqu'il supprimait l'antique nécessité des études élémentaires et lentement graduées, lorsqu'il rappelait, comme il le fit dans la dernière commission, qu'on avait applaudi de grands chanteurs qui ne savaient pas lire la musique, lorsqu'il laissait tout l'enseignement du chant se réduire à des répétitions partielles, mais souvent renouvelées d'airs et de scènes d'opéras.

Etant donné le point de départ, tout cela s'enchaîne très-logiquement ; il faut recevoir beaucoup d'élèves, les dégrossir tant bien que mal en les appliquant tout de suite à des échantillons de ce qu'ils feront plus tard, et puis les admettre au plus vite aux concours de sortie, lors même qu'ils sont indignes d'y figurer, parce que, dit-on, « cela les forme. » — (Il y a pourtant des esprits maussades qui croient que ce système risque de déformer le jeune artiste, en lui faisant prendre des habitudes défectueuses de goût et d'expression dans la première période de formation du talent). — Il n'est pas moins logique de décerner un grand nombre de premiers prix, afin de rendre le plus tôt possible aux élèves leur liberté, et de les mettre sans retard en face de leur vrai professeur, le public.

Il n'y a qu'un malheur à cela, c'est que tout part d'un sophisme. Si l'on veut dire que la pratique seule peut donner à l'artiste l'assurance, le naturel et la vie dans le talent, rien de plus incontestable. Ce qu'il apprendra en pratiquant, les meilleurs professeurs ne le lui auraient pas enseigné ; mais, entendez bien ceci, il n'acquerra jamais devant le public ce que l'école avait mission et aura négligé de lui enseigner : si sa voix est mal posée, elle restera telle et se cassera vite ; s'il ne sait pas phraser correctement, il restera toujours incorrect : il fera *des effets* peut-être, mais il n'aura pas de style ; en un mot, il pratiquera ses défauts avec plus ou moins d'audace heureuse et de dextérité, comme aussi avec une tolérance plus ou moins marquée du public, lequel applaudira même par moments, faute de mieux, faute de points de comparaison. En avons-nous assez de ces artistes d'à peu près !...

Sans doute, on ne peut empêcher qu'il y en ait toujours de tels, mais serait-ce aux écoles publiques d'en faire de cette catégorie ? est-ce surtout la mission du Conservatoire ? Doit-il être une école normale de musique, ou bien une sorte d'usine pour la préparation approximative et hâtive des artisans de théâtre ? A nos yeux une école primaire, qui enseigne régulièrement et consciencieusement les modestes notions qui sont de sa compétence, est plus digne du nom d'institution publique que les fabriques de ce genre.

Cet enseignement soi-disant pratique des scènes d'opéra, auquel on s'ingénie et l'on s'acharne avec des élèves dénués d'études de fond, nous semble à peu près aussi *pratique* que le serait le travail d'un architecte qui s'efforcerait de donner de belles apparences monumentales à une masure bâtie de matériaux de hasard, et sans fondations.

En dernier recours, ce qu'il y avait d'apparemment meilleur dans une école ainsi composée, c'étaient les exercices publics : après avoir étudié, par voie de routine, quelques airs et quelques scènes dépareillées, l'élève était mis aux prises avec des rôles, et apprenait à ménager sa voix et ses effets en vue d'un spectacle de deux ou trois heures, à circuler dans les scènes d'ensemble. Ces exercices, ordonnés par tous les règlements, depuis le premier jusqu'au dernier, sont pourtant tombés en désuétude. J'ai beau chercher, je n'en vois qu'une raison vraisemblable : comme les prix ne se décernent qu'après les concours de chant et de fragments d'opéras, ces représentations scolaires ne seraient qu'une peine inutile pour MM. les professeurs. Quant au directeur, en dépit de la charte qu'il avait signée, il avait courtoisement prêté les mains à cette nouvelle amputation de l'ancien enseignement.

Ainsi donc plus même cela ! Ainsi plus même cette attribution suprême d'une école pratique, d'une école d'application ! Ainsi donc, et, plus que jamais, il serait établi que le public est le seul professeur des artistes et que ceux-ci doivent être le plus rapidement possible jetés dans le courant de la pratique !

Mon Dieu ! toutes les opinions sont libres ; mais il était assez original que celle-ci se rencontrât chez un directeur d'école. D'ordinaire ceux qui sollicitent ou acceptent cette situation sont des gens naïvement convaincus de l'efficacité des études régulières.

XVII.

Toujours est-il que ce *modus vivendi* de la dernière période a été formellement condamné par la Commission : la graduation des études sera rétablie; on ne commencera plus par la fin, mais bien par le commencement, c'est-à-dire par les études élémentaires, par le travail de la pose et de l'émission vocale, par le solfége; on continuera par les études de vocalisation, et seulement après, on abordera l'étude des airs et des scènes d'opéra. Il a fallu une trentaine d'années pour revenir à cette idée qui semblait aller de soi.

Cette division des études se fera en trois degrés. On avait d'abord pensé à dire en trois ans. Il est certain qu'il ne faut pas moins pour constituer une éducation valable, mais on a pensé assez justement que c'est surtout une affaire d'examens : lorsqu'il se présente de nouveaux élèves aptes au second degré ou au degré supérieur, il n'y a lieu de les condamner aux rudiments; s'il s'en trouve dont la voix soit naturellement bien posée, ou qui sachent déjà le solfége, ou qui soient doués d'une compréhension plus rapide, ce serait conscience de les forcer à suivre les études aussi lentement que le commun des élèves, tandis que parmi ceux-ci il peut s'en trouver qui aient besoin de redoubler pour telles parties spéciales de l'enseignement. C'est donc aux examens à décider de tout.

En thèse ordinaire, je suis porté à croire que trois années sont nécessaires, comme aussi elles seront suffisantes, si la répartition des travaux est bien faite, et si le nombre des élèves, en chaque classe, est juste ce qu'il doit être pour que le maître s'occupe suffisamment de chaque élève. Sur ce dernier point, j'ai vu qu'on exagérait d'une façon bizarre : on s'amusait à calculer le nombre d'heures qui revenait à chacun dans une classe de huit élèves. Pourquoi ne pas décompter, pendant qu'on y est, le temps où les professeurs reprennent haleine ou se mouchent? Il faut assurément que chaque maître s'occupe de chaque élève en particulier, mais une notable partie de l'enseignement oral se fait pour tous les assistants à la fois, sans compter les tâches données à l'élève, et qui, après lui avoir pris plusieurs heures d'étude personnelle, seront jugées et corrigées par le maître en quelques minutes... Rien de plus illusoire que certaines affectations d'exactitude mathématique.

XVIII.

Une question plus grave a été débattue dans le sein de la commission : les diverses parties de l'enseignement du chant doivent-elles être confiées à des professeurs différents, ou bien chaque élève doit-il être conduit par le même maître, des études les plus rudimentaires jusqu'aux concours de sortie ? C'est ce dernier régime qui prévaut depuis trente ans, et l'on conçoit que les professeurs actuels fassent des efforts énergiques pour le maintenir : il s'agit de savoir si le futur artiste sera l'élève de M. X... ou bien l'élève de l'école. Leur argument, c'est la nécessité de l'unité dans l'enseignement ; nous allons voir ce qu'il en faut penser. M. Auber s'était fait l'avocat de ce système ; et de même qu'il avait plaidé contre l'obligation du solfége, qui aurait distrait l'élève de sa classe ordinaire, il se prononça contre le rétablissement des classes de vocalisation, attendu, disait-il, que « le maître de vocalisation empiète toujours sur les attributions du maître de chant. » Avec ce raisonnement, il faudrait supprimer ou la classe de chant proprement dite, ou la classe de déclamation lyrique, qui empiètent aussi l'une sur l'autre.

M. Emile Perrin répliqua très-justement que les questions de personnes prennent trop souvent la place des questions de principe. « Il faut pourtant, dit-il, que les intérêts généraux de l'enseignement, et par conséquent de l'art, dominent l'individualisme. Le Conservatoire doit être réglé d'après un plan auquel les professeurs, quels qu'ils soient, seront tenus de se soumettre. »

C'était parler d'or. Les professeurs n'entreprennent les uns sur les autres que lorsque les attributions sont mal définies ou que l'école est mal tenue. Supposons que, dans un lycée, le professeur d'histoire ait la prétention d'enseigner une orthographe particulière, ou que le professeur de latin, à propos d'un texte, développe sur l'empire romain des idées personnelles contradictoires avec celles du maître d'histoire, peut-être y aurait-il des gens pour proposer, comme seul remède à ces contradictions, l'enseignement encyclopédique par un seul et même professeur. Mais non ! ces empiétements ne se produisent jamais : 1° parce qu'il y a un esprit de discipline qui fait que chacun s'en tient à ses attributions ; 2° parce qu'il y a unité de doctrine sur tous les points essentiels, dans l'Université, et que tout en réservant la liberté d'appréciation pour les détails, personne ne se croit le droit d'enseigner, de son chef, des doctrines particulières qui fassent hérésie aux yeux de ses collègues.

C'est donc jouer sur les mots ou prendre naïvement le change que de mettre l'unité de l'enseignement dans la peau d'un homme : elle est d'une part dans la logique et l'homogénéité de l'ensemble des études, d'autre part dans la discipline du corps enseignant.

Par exemple, il est certain que M. Bataille, qui a été un comédien lyrique remarquable, ne peut s'empêcher d'indiquer la mise en scène des airs et des trios qu'il enseigne à ses élèves ; alors il empiète sur la classe de déclamation. Qui va-t-on supprimer ? — Et, d'autre part, comme il a beaucoup étudié l'émission vocale, il serait toujours tenté, quand les élèves lui arriveraient des classes élémentaires, de leur « rephonationner » le larynx.

Faut-il en conclure qu'on réunira tout en ses mains ? Non, car nous n'arrivons pas le moins du monde ainsi à l'unité d'enseignement : ce n'est pas établir l'ordre dans une école que de juxtaposer dix classes où fleuriront dix méthodes discordantes. La seule solution acceptable pour une grande institution publique, c'est le retour à l'ancienne unité de méthode. Si (pour garder le même exemple) la phonation de M. Bataille est excellente, il ne suffit pas qu'elle lui semble telle, il faut qu'elle soit adoptée comme la meilleure, et que, en tout ou en partie, elle fasse loi pour l'enseignement officiel. Alors peu importera que M. Bataille l'applique lui-même. D'autre part, s'il excelle également aux études de style et aux études de chant mis en scène, j'admets qu'on lui donne deux classes, tout comme on pourrait confier, par exemple, à un autre, la vocalisation et le style... Mais qu'on ne se croie jamais obligé de confier tout l'enseignement complet à un maître qui sera connu, la plupart du temps, pour n'exceller que dans telles parties, — enfin et par-dessus tout, que l'élève soit bien l'élève de l'école.

Étonné des contradictions que nous rencontrions sur ce point, nous avons prié un adversaire très-convaincu de nous formuler ses raisons, et nous les reproduisons ici, en toute conscience et impartialité :

« Tout en cherchant, nous dit-on, l'unité d'enseignement, il importe de laisser à chaque professeur une certaine liberté d'action et par suite l'indivisible direction de ses élèves : autrement ceux-ci perdraient leur temps à rectifier ou à oublier dans une classe ce qu'ils auraient appris dans l'autre. Le mécanisme du chant et le chant lui-même ne sauraient être assimilés aux doctrines universitaires ou à celle du droit. Bien plus, les élèves d'une même classe ne pourraient être soumis d'une manière absolue au même régime vocal. Les variétés de voix et de larynx, les dispositions particulières de chaque élève s'opposent à cet enseignement absolument homogène ; et, fût-il possible, rien ne serait moins enviable au point de vue de l'art. Les variétés d'école en matière de chant ne sont point à craindre, au contraire ; car l'unité de mécanisme, que l'on admire dans nos orchestres, chez nos instrumentistes à archet, serait un résultat déplorable si on parvenait à l'obtenir dans nos classes de chant. Nos plus grands chanteurs ont fait preuve de qualités toute personnelles, même au point de vue du mécanisme, et il faut bien se garder d'astreindre toutes les voix à se poser, à vocaliser et chanter de la même façon. L'homogénéité en matière de chant doit surtout résider dans le choix sévère des exercices, des vocalises et des œuvres lyriques destinés *obligatoirement* aux études. Que les élèves travaillent toujours sur de belle et bonne musique, qu'ils s'appliquent à la comprendre, qu'il leur soit surtout interdit de la dénaturer, et ils acquerront à coup sûr le mécanisme, le goût et le style, ces trois qualités si rares chez les chanteurs du jour. »

Nous répliquons que notre système nous paraît sauvegarder quelque chose de plus précieux que la diversité de sept ou huit méthodes professorales : à savoir la personnalité de tous les futurs artistes. Ce que je redoute le plus dans les professeurs d'aujourd'hui, c'est précisément leur esprit exclusif, leur manie d'imposer à des tempéraments très-différents un certain nombre de procédés spéciaux, les mêmes pour tous. Un artiste qui va demander à un maître des conseils de style reçoit de lui cette réponse : « Votre voix n'est pas posée à ma manière ; tout est à recommencer. » Dix autres auraient également la prétention de lui reforger de fond en comble l'organe vocal, et toujours avec des procédés à eux personnels. Que de voix et de talents ont dû périr dans ces remaniements empiriques !...

Il n'y a, suivant nous, qu'une même émission normale pour les voix, si diverses de force et de timbre qu'elles soient par nature et qu'elles doivent rester à l'avenir ; il n'y a de même qu'une bonne méthode de vocalisation, pour développer et assouplir les voix, ce qui n'empêchera pas chaque individualité d'accuser plus tard ses préférences et sa manière caractéristique.

C'est ainsi que la même gymnastique appliquée à cent hommes également bien portants, bien constitués, n'empêchera pas chacun d'avoir son tempérament, ses proportions physiques, ses aptitudes et ses formes distinctives. Car il n'y a qu'une physiologie pour tous les hommes, quoiqu'il n'y ait pas deux corps semblables.

Rien n'est plus indispensable que de distinguer les principes généraux qui s'imposent à tous (*in necessariis unitas*) d'avec les qualités secondaires et les nuancements des qualités générales qui feront la personnalité légitime de l'artiste. Or, dès l'école, cette personnalité doit être respectée, favorisée, mise en valeur, en tant qu'elle se peut concilier avec les lois essentielles du style.

C'est ce qu'admettait dans son ensemble logique la méthode générale de l'école, et ce que n'admettent point les professeurs, suzerains de leur élève, préoccupés de mettre leur estampille personnelle aux moindres détails de son talent.

A toute extrémité, on nous répond encore que les habitudes étant ce qu'elles sont, on risquerait, en diminuant les attributions des professeurs actuels, de les pousser à donner leur démission. Je ne crois pas qu'il soit si impossible de leur imposer ce nouveau régime, qui ne serait, au surplus, que la restauration de celui d'autrefois, — lequel avait fait ses preuves, — comme le régime actuel fait tous les jours les siennes : car, sur ce point encore, il s'agit moins d'innover que de se souvenir.

Les plus fiers opteraient pour les classes de style et de chant dramatique ; mais il se trouverait d'excellents maîtres pour la vocalisation et l'émission vocale. On en trouve bien pour le solfége ! Au surplus, l'intérêt général de l'art ne saurait se sacrifier à l'amour-propre de quelques individualités.

J'ose affirmer que tout bon organisme trouve ses hommes, — au besoin il les fait.

Le système de l'inféodation de l'élève à son professeur a déjà reçu quelques atteintes. Sur une proposition de M. Émile Perrin, la Commission a voté un article statuant que les élèves d'une classe de chant quelconque auraient le droit, à partir de leur deuxième année d'études, *d'assister en qualité d'auditeurs aux leçons de tous les professeurs de chant de l'École.* Le même droit a été confié aux élèves des classes de composition, afin qu'ils acquièrent les connaissances indispensables pour bien traiter les parties vocales.

Quant au système de la pluralité des professeurs relativement à chaque élève, quoique soutenu par de sérieuses autorités dans la Commission même, il n'a pourtant pas prévalu : l'ensemble des études du chant reste confié à chaque maître. Que tout au moins la distinction et la graduation des diverses parties essentielles de cet enseignement soient impérieusement maintenues !

Si ce principe n'était pas immédiatement rendu pratique par une spécification détaillée des matières exclusivement propres à chaque degré et aux examens qui s'y réfèrent, s'il demeurait à l'état de phraséologie vague dans un coin de page du nouveau règlement, ce serait d'avance lettre morte. Chaque professeur, restant maître unique et absolu de toute la conduite de l'enseignement, continuera de tout mêler et abréger comme par le passé, en vue des concours de sortie. Les travaux et les décisions de la Commission auront été illusoires.

Si je n'ai pas tout dit dans un sujet si complexe, je crois avoir touché à tous les points essentiels. Il n'y a pas à revenir sur l'importance multiple et l'urgence de ces réformes, j'y ai assez insisté au début.

Je veux seulement faire un dernier appel aux compositeurs, sur qui je compte encore plus que sur les chanteurs et les maîtres de chant pour les réformes nécessaires de cet art.

Qu'ils ne s'y trompent pas : c'est leur sort qui est en jeu. L'école française de composition, si brillante, si vivace aujourd'hui, et que nous croyons en passe d'enlever la prépondérance aux Allemands et aux Italiens, cette école nationale est, de par les conditions mêmes du drame lyrique, à la discrétion de ses interprètes. Il s'agit de savoir si son essor sera entravé ? ou bien si ses œuvres se produiront en pleine lumière et seront dignement lancées par le monde.

La chose touche les compositeurs d'assez près pour qu'ils en prennent souci.

Il me reste à signer d'un nom qui ne fera pas autorité aux yeux de bien des praticiens. Qu'ils me permettent de leur affirmer que je suis aussi musicien et plus sévèrement musicien que quelques-uns de ceux qui vivent de musique. Quant aux études de chant, si cette étude raisonnée n'est pas valable, je n'ai pas à la défendre ; mais j'invoque pour elle le bénéfice de l'adage : *Attende quod dicitur, non a quo.*

« Faites attention à ce qui est dit, et non pas à qui parle. »

GUSTAVE BERTRAND.

APPENDICE

On nous signale, à la veille de la publication de cette brochure, une lettre du célèbre Ponchard, publiée dans le *Ménestrel* (22 mai 1859), et que nous regrettons vivement de n'avoir pas connue plus tôt; car nous aurions été heureux de la citer en dix endroits, à l'appui de nos conclusions les plus discutées: sur la graduation rigoureuse des diverses parties de l'enseignement, sur la pluralité des professeurs pour chaque élève, sur l'importance de la belle diction dans le chant français, sur le cours supérieur de styles, etc. Nous admirions surtout les anciennes études du Conservatoire sur la foi et à travers la lettre des premiers Réglements : ce petit document nous prouve que la pratique était conforme à la doctrine, et qu'elle en confirmait l'excellence par les résultats :

« On me demande les réformes à introduire dans l'étude actuelle du chant. Je répondrai simplement par ce qui se faisait autrefois au Conservatoire...... Les élèves avaient professeurs de solfége, de vocalisation et de chant, une classe de musique d'ensemble et de lecture de la partition, sans compter l'étude accessoire du clavier pour l'accompagnement; voilà pour la musique. Les pensionnaires recevaient en outre des leçons de langues française et italienne, de géographie, d'histoire, de tenue, d'escrime... Nos classes de déclamation étaient tenues par des artistes du Théâtre-Français, tels que Dugazon, Lafont, Baptiste aîné, Michelot, qui nous préparaient au Grand-Opéra et à l'Opéra-Comique.

« Les voix se classaient avec soin, et chaque organe restait dans ses registres, dans sa sonorité naturelle; une basse-taille était bien une basse-taille, tout comme un ténor devait être un ténor... Aujourd'hui, malheureusement, maints professeurs aident au déraillement vocal, par de prétendues découvertes anatomiques de nature à transformer radicalement les larynx les plus rebelles!...

« Il fallait, pour arriver aux classes spéciales de chant, avoir passé par les leçons préparatoires de solfége et de vocalisation ; le comité d'enseignement seul jugeait du moment favorable où l'élève pouvait être admis... La classe de Garat était celle dite de perfectionnement, et par laquelle finissaient tous les élèves. Une fois admis dans cette classe on recevait sur le style et sur les divers caractéres du chant des préceptes et des exemples de la plus haute portée.... La plus grande rigueur présidait à l'admission des élèves dans les concours: en 1810 nous

www.ingramcontent.com/pod-product-compliance
Lightning Source LLC
LaVergne TN
LVHW020107100426
835512LV00040B/1772